इतिहास पर गांधीवाद की छाया

AF519229

लेखक
डॉ. राकेश कुमार आर्य

डायमंड बुक्स
www.diamondbook.in

प्रकाशक : डायमंड पॉकेट बुक्स (प्रा.) लि.
X-30, ओखला इंडस्ट्रियल एरिया, फैज - II
नई दिल्ली - 110020
फोन : 011 - 40712200
ई-मेल : sales@dpb.in
वेबसाइट : www.diamondbook.in

Itihas par Gandhivad ki Chaaya
By : *Dr. Rakesh Kumar Arya*

प्रस्तावना

गांधीजी निश्चित रूप से हमारे देश के स्वाधीनता संग्राम के एक अनमोल हीरा हैं। भारतीय इतिहास के इस अनमोल हीरे के प्रति किसी प्रकार का अपशब्द उच्चारित करना निश्चय ही हमारी असभ्यता को प्रकट करने वाला होगा। इसलिए एक महापुरुष के रूप में उनका सम्मान किया जाना मेरे सहित प्रत्येक व्यक्ति का राष्ट्रीय कर्तव्य है। इस सबके उपरान्त भी किसी भी व्यक्तित्व का निष्पक्ष अवलोकन और मूल्यांकन करना एक लेखक का कार्य होता है। विशेष रूप से गांधी जी जैसे उस व्यक्तित्व का अनुशीलन किया जाना तो बहुत आवश्यक है जिसके नाम भारत के स्वाधीनता संग्राम का पूरा इतिहास कर दिया गया हो। यह प्रश्न बड़ी गंभीरता से प्रत्येक व्यक्ति के हृदय में कौंधता है कि क्या सचमुच भारतीय स्वाधीनता संग्राम के एकमात्र नायक गांधी ही थे या कोई और भी थे? प्रश्न यह भी उठता है कि क्या गांधीजी की अहिंसा के कारण ही देश को आजादी मिली? और यह भी कि क्या गांधीवाद नाम की कोई चीज इस देश में है?

ऐसा क्या है गांधीवाद में?

ऐसे ही प्रश्नों को लेकर इस पुस्तक का निर्माण हुआ।

वास्तव में गांधीजी के नाम से जिस गांधीवाद को हम ढोते रहे हैं, वह किसी भी दृष्टिकोण से कोई ऐसा दर्शनशास्त्र नहीं है जो इस देश के लिए अनुपम और अद्वितीय हो या जिसकी विशिष्टता ऐसी हो कि वह भारत को युगों–युगों तक मार्गदर्शन दे सकता है? जिस देश के पास वेदों, उपनिषदों, रामायण, महाभारत, गीता, स्मृतियों आदि के जीवन–दर्शन प्रदान करने वाले अनेकों शास्त्र हों, उसे गांधीवाद क्या दे सकता है? यह प्रश्न हम बड़ी गम्भीरता से उठा रहे हैं। क्योंकि गांधीजी के गांधीवाद में ऐसा कुछ भी नहीं है, जो हमारे उपरोक्त उल्लेखित शास्त्रों से परे हो। गांधीजी का तथाकथित गांधीवादी दर्शन प्रथमतया तो है ही नहीं और यदि है भी तो वह बहुत ही निम्न स्तर का है। क्योंकि उससे बहुत अधिक ऊंचाई का दार्शनिक आधार हमारे इन ग्रंथों में उपलब्ध

है। जिससे हम अपने पारिवारिक, सामाजिक और राष्ट्रीय जीवन को उन्नतिशील और समतामूलक और शांतिवादी समाज की संरचना का आधार बना सकते हैं।

करते थे लोकतांत्रिक होने का ढोंग

गांधीजी ने अपने जीवन में कई आन्दोलन किए। उनके आन्दोलनों के सन्दर्भ में यह एक दुखद तथ्य है कि उन्होंने अपने किसी भी आन्दोलन को अंतिम परिणति तक नहीं पहुंचने दिया। इसके विपरीत उन्हें अपने आप चलाकर अपने आप ही उनका प्राणान्त कर दिया। वह हद दर्जे के हठीले व्यक्ति थे और हठीले व्यक्ति की यह विशेषता होती है कि वह अपनी बनी बनाई मंजिल का अपने आप ही विध्वंस कर देता है। इसके उपरान्त भी यदि गांधीजी को भारत के इतिहास का एक ऐसा अनोखा नायक बनाने का प्रयास किया गया कि उनके कारण ही देश को स्वाधीनता प्राप्त हुई तो यह आधुनिक इतिहास का सबसे बड़ा झूठ है।

गांधीजी तुनकमिजाजी थे। वह छोटी सी बात पर क्रोध कर बैठते थे और छोटी सी बात पर किसी भी व्यक्ति के लिए उदारता का प्रदर्शन करने लगते थे। वह आज जिसके सिर पर हाथ रखे होते थे आवश्यक नहीं है कि कल भी वह व्यक्ति उनके हाथ का अपने सिर के ऊपर अनुभव कर रहा हो। निश्चित रूप से कल किसी छोटी सी बात पर भी उसके सिर से गांधीजी का हाथ उठा हुआ हो सकता है।

बात 1927 की है। जब गांधीजी ने अपना उत्तराधिकारी सी. राजगोपालाचारी को घोषित किया था। उस समय गांधी जी सी. राजगोपालाचारी पर बहुत अधिक प्रसन्न रहते थे। परन्तु जब क्रिप्स मिशन भारत में आया तो उस पर सी.राजगोपालाचारी के विचारों को अपने विपरीत जाते हुए देखकर गांधी जी ने तत्क्षण यह कह दिया कि अब सी. राजगोपालाचारी नहीं ,अपितु पंडित जवाहरलाल नेहरु मेरे उत्तराधिकारी होंगे। कहने का अभिप्राय है कि गांधीजी लोकतान्त्रिक होने का केवल ढोंग करते थे। वास्तव में वह अपने आपसे मतभिन्नता रखने वाले व्यक्ति के प्रति अत्यधिक कठोर और तानाशाही दृष्टिकोण रखने वाले व्यक्ति के रूप में पेश आते थे। उन्होंने नेताजी सुभाषचन्द्र बोस को इतना अधिक अपमानित किया कि वह पार्टी छोड़ कर चले गए। इसी

प्रकार आगे चलकर देश का पहला प्रधानमन्त्री उन्होंने सरदार पटेल के पक्ष में बहुमत होने के उपरान्त भी अपने चहेते जवाहरलाल नेहरू को बनाया। आज जिस गांधीवाद को देश के नेता लोकतन्त्र का प्राण घोषित करने का अतार्किक प्रयास करते हैं यदि उस गांधीवाद का आधार गांधीजी का हठीला स्वभाव है और मतभिन्नता का जिसमें सम्मान करने का तनिक सा भी स्थान नहीं है, उसके विषय में निश्चित रूप से यह कहा जा सकता है कि वह भारतीय लोकतन्त्र का आधार कभी नहीं हो सकता।

क्योंकि लोकतन्त्र का आधार मतभिन्नता को स्वीकार करना होता है। इतना ही नहीं ,मतभिन्नता को भी किसी ऐसे सर्वस्वीकृत बिन्दु पर पहुँचा देना होता है जो राष्ट्र साधना का आधार बन जाए।

गांधीजी की अहिंसक तानाशाही

गांधीजी के गांधीवाद में अहिंसक तानाशाही हमें कदम–कदम पर दिखाई देती है। निश्चय ही इस 'अहिंसक तानाशाही' को भारतीय लोकतन्त्र का आधार नहीं बनाया जा सकता। इसके उपरान्त भी हम देखते हैं कि गांधीजी की 'अहिंसक तानाशाही' कांग्रेस और उसी का अनुकरण करने वाले 'सेकुलर' दलों के नेताओं के लिए प्रेरणा स्रोत बनी रही है। जिससे पता चलता है कि गांधीजी की 'अहिंसक तानाशाही' का भूत इतिहास में कहीं दफन नहीं हुआ है,अपितु वह आज तक भी नेताओं का पीछा कर रहा है। हमें यह समझ लेना चाहिए कि यदि आज सपा, बसपा, कांग्रेस और इन जैसे अन्य अनेकों राजनीतिक दलों में किसी व्यक्ति विशेष या परिवार विशेष की तानाशाही चलती है तो यह गांधीजी की 'अहिंसक तानाशाही' की ही छाया है। जैसे गांधीजी अपने से मतभिन्नता रखने वाले नेता को सहन नहीं कर पाते थे और उसे पार्टी से बाहर का रास्ता दिखा देते थे, वैसे ही आज के गांधीवादी धर्मनिरपेक्ष नेता भी अपने–अपने राजनीतिक दलों में करते देखे जाते हैं।

भगत सिंह की फांसी और गांधीजी

भगत सिंह की फांसी को रोकने में भी गांधीजी ने अपेक्षित प्रयास नहीं किए थे। यद्यपि वह चाहते तो निश्चित रूप से सरदार भगत सिंह और उनके साथियों की फांसी को समाप्त करा सकते थे। इस क्षेत्र में

भी हम देखते हैं कि उनके अनुयायी गांधीवादी नेता जिस व्यक्ति से व्यक्तिगत स्तर पर खिन्न रहते हैं उसे चाहे फांसी हो चाहे कोई और दंड मिले, वह द्वेष – भाव से उसकी ओर से पीठ फेर लेते हैं। इसे गांधीवादी विचारधारा का एक गुण माना जा सकता है ,परन्तु किसी लोकतान्त्रिक देश में इसे राजनीति का एक अवगुण ही माना जाता है।

गांधी जी ने भगतसिंह और उनके साथियों पर चल रहे केस में कभी कोई गम्भीर रूचि नहीं ली। उनका स्पष्ट मानना था कि भगतसिंह और उनके साथी जिस उग्रवादी सोच को लेकर आगे बढ़ रहे हैं उससे हिंसा होती है और हिंसा से मिली आजादी मुझे नहीं चाहिए। गांधीजी क्रांति को राजनीति के लिए उचित नहीं मानते थे। उनका मानना था कि शत्रु चाहे आप पर जितनी क्रूरता दिखाए पर आप उसके प्रति हर स्थिति में विनम्र बने रहो। गांधी जी यह भूल गए थे कि भारतवर्ष में मुगलों और अंग्रेजों के शासनकाल में 'हिन्दू' के बचे रहने का एकमात्र कारण यही था कि वह क्रूरता का प्रतिकार करने की शक्ति रखता था। यदि वह क्रूरता के सामने झुक जाता तो निश्चित रूप से भारत कभी का समाप्त हो गया होता। भारतीय इतिहास के इस गौरवशाली तथ्य और सत्य का महिमामंडन न करके गांधी जी ने भारत के पौरुष और दीर्घकालिक शौर्य को ही दुत्कार दिया। अपनी इसी सोच और मान्यता के कारण उन्हें सरदार भगतसिंह और उनके साथियों का पौरुष और शौर्य भी दुत्कारने के योग्य ही दिखाई दे रहा था।

गांधीजी ने केवल औपचारिकता निभाते हुए भारत के वायसरॉय को लिखे पत्र में लिखा था – "मृत्युदण्ड एक असाध्य क्रिया है, यदि इसमें कही से भी कोई भी गुंजायश है तो मैं आपसे विनती करता हूँ कि कृपया इस फैसले को पुनः समीक्षा तक निलंबित किया जाये।"

मां भारती के अमर साधकों की फांसी को रोकने के लिए गांधीजी ने न तो कोई आन्दोलन चलाया और ना ही उन लोगों के पक्ष में कोई वक्तव्य जारी किया जो सरदार भगतसिंह और उनके साथियों की फांसी का विरोध कर धरने प्रदर्शन कर रहे थे। गांधीजी की इस प्रकार की उदासीनता से उनकी राजनीतिक संकीर्णता का बोध होता है।

सुप्रसिद्ध लेखक ए. जी. नूरानी ने अपनी पुस्तक "ट्रायल ऑफ भगत सिंह" के चौदहवें अध्याय में लिखा है "गांधी के प्रयास आधे अधूरे थे,

उन्होंने कभी मन से प्रयास किया ही नहीं! जब जेल में भगत सिंह और उनके साथी भूख हड़ताल पर थे, गांधीजी ने उनसे मिलने या उन्हें देखने तक की जहमत नहीं उठाई! और तो और लार्ड इरविन को लिखे अपने पत्र में गांधी जी ने फांसी के फैसले को रद्द करने के बजाय उसे सिर्फ कुछ समय तक टालने का आग्रह किया था।"

इसी प्रकार अन्य कई समकालीन इतिहासकारों, लेखकों और पत्रकारों ने भी अपने लेखों, टिप्पणियों या पुस्तकों के माध्यम से ऐसे ही संकेत दिए हैं कि यदि गांधीजी उस समय मन से प्रयास करते तो सरदार भगतसिंह और उनके साथियों की फांसी की सजा को समाप्त किया जा सकता था।

गांधीजी की अहिंसा

अहिंसा को भी गांधीवादी लोग गांधीजी की विचारधारा का एक आवश्यक और अनुपम अंग बताकर उसका महिमामंडन करते हैं। यह लोग कहते नहीं थकते कि अहिंसा के बल पर ही गांधीजी ने भारत को स्वाधीन करा लिया। जबकि सत्य इसके विपरीत है। हमारा यह स्पष्ट मानना है कि गांधीजी की अहिंसा के कारण नहीं बल्कि क्रान्तिकारियों के शौर्य और पराक्रम के कारण भारत स्वाधीन हुआ था। पराये पुरुषार्थ और पराक्रम को ओढ़कर छद्मवादी गांधीवाद अधिक देर तक देश के लोगों के हृदय पर शासन नहीं कर सकता। अब लोगों को सत्य का पता चलने लगा है तो अधिकतर लोग बड़ी तेजी के साथ गांधीवाद की केंचुली को त्यागकर क्रान्तिकारियों के पुरुषार्थ और पराक्रम के प्रकाश में आकर सुख और आनन्द की अनुभूति कर रहे हैं। गांधीजी यदि सचमुच एक महात्मा थे तो उनके गांधीवाद को किसी के पराक्रम और पुरुषार्थ की चोरी नहीं करनी चाहिए। क्योंकि चोरी करना महात्माओं का कार्य नहीं होता। यह कार्य तो अत्यन्त निम्न श्रेणी के लोगों का होता है।

वैसे गांधीजी के गांधीवाद में कदम – कदम पर छद्मवाद और दोगलापन दिखाई देता है। वास्तव में ऐसे अवगुण स्वयं गांधीजी के अपने भीतर भी थे।1906 में गांधी जी ने जुलु साम्राज्य के विरुद्ध हुए युद्ध में अंग्रेजों को सहयोग दिया! उनका ये मानना था कि इस युद्ध में ब्रिटिश को सहयोग देकर वे उनका विश्वास जीत लेंगे। उन्होंने भारतीय सैनिकों

को ब्रिटिश सेना में भर्ती करने में ईस्ट इंडिया कंपनी को सहयोग दिया।

1920 में जब गांधीजी अपना असहयोग आन्दोलन चला रहे थे तो उस समय देश के लोगों का पराक्रम और शौर्य देखते ही बनता था। तब तक गांधीजी की तथाकथित अहिंसा का सच लोगों को पता नहीं था। वह इस भूल में थे कि गांधीजी देश को येन–केन–प्रकारेण स्वाधीन कर लेना चाहते हैं। उन्हें गांधीजी की वास्तविकता का तब पता चला जब लोगों ने देशभक्ति के आवेश में आकर चौरा – चौरी में एक थाने को आग लगा दी और गांधी जी ने इस प्रकार देश के लोगों के आवेश को तुरंत ठण्डा करते हुए और इस 'अपराध' के लिए ब्रिटिश सरकार से क्षमा याचना का पत्र लिखकर देश के पुरुषार्थ और पराक्रम को अपमानित करते हुए अपने आन्दोलन को स्थगित कर दिया।

भारत की प्राचीन काल से यह मान्यता रही है कि दुष्ट के साथ दुष्टता का व्यवहार करो। वैसे संसार का भी यह एक सामान्य सा सत्य है कि दुष्ट कभी विनम्रता से नहीं मानता। यही कारण रहा कि भारत ने प्राचीन काल से शत्रुओं , समाजविरोधी और राष्ट्र विरोधी लोगों का सफाया करना अपना लक्ष्य बनाया। जबकि गांधीजी भारत के इस सनातन मूल्य से विपरीत आचरण करते हुए समाज विरोधी, राष्ट्र विरोधी और भारत विरोधी शासक लोगों का मनोबल बढ़ाने के कार्य में लगे हुए थे। गांधीजी के गांधीवाद का यह एक बहुत ही दुःखद तथ्य है कि जब अंग्रेजों के लिए विश्वयुद्ध में भारतीय सैनिक मर रहे थे तो गांधीजी को उसमें कोई हिंसा होती हुई दिखाई नहीं देती थी, पर जब देश की स्वाधीनता के लिए हमारे क्रान्तिकारी योद्धा इसी प्रकार का संघर्ष करते थे या शत्रु नाश के लिए कोई कदम उठाते थे तो गांधीजी को उसमें तुरन्त हिंसा दिखाई देने लगती थी।

स्वाधीनता नहीं चाहते थे गांधीजी

गांधीजी के विरोधियों का तर्क है कि उनकी अहिंसा की नीति के इस प्रकार के दोगलेपन का एकमात्र कारण यही था कि वह किसी भी स्थिति में अंग्रेजों का अहित नहीं चाहते थे। भारत में अंग्रेजों के साम्राज्य को वह भारत पर अंग्रेज जाति का एक उपकार मानते थे। यही कारण था कि गांधीजी ने जब अंग्रेजों के सहयोग व समर्थन से राजनीति में

पदार्पण किया तो वह अंग्रेजों के साम्राज्य की दीर्घायु की कामना करते हुए राजनीति में आगे बढ़े। इतना ही नहीं, वह अपने राजनीतिक जीवन के अधिकांश समय में इसी बात के लिए प्रयास करते रहे कि अंग्रेज भारत में बने रहकर भारत को 'डोमिनियन स्टेटस' प्रदान कर दें। वह भारत की पूर्ण स्वाधीनता के पक्षधर नहीं थे। जबकि देश का क्रान्तिकारी आन्दोलन भारत को पूर्ण स्वाधीनता की ओर लेकर चलने का समर्थक था। गांधीजी के गांधीवाद का यह संस्कार आज भी गांधीवादियों के दृष्टिकोण और कार्यशैली में स्पष्ट रूप से दिखाई देता है।

विश्व के अन्य देशों के इतिहास में सम्भवत' कोई भी ऐसा तथाकथित 'राष्ट्रपिता' नहीं रहा होगा, जिसने विदेशी साम्राज्यवादी शक्तियों के लोगों के शवों पर तो विधवा विलाप किया हो , परन्तु अपने लोगों की फांसी को या तो मौन समर्थन दिया हो या स्पष्ट शब्दों में उचित कहा हो। सम्भवतः ऐसा भी कोई महापुरुष विश्व इतिहास में कहीं नहीं होगा जिसने अपने धर्म के विनाश करने वाली शक्तियों के ऐसे कुकृत्यों का समर्थन किया हो जिनमें कोई विधर्मी स्वामी श्रद्धानंदजी जैसे महान क्रांतिकारी नेता की हत्या करता हो। गांधीजी के ऐसे कार्यों से देश की आत्मा ठगी सी रह जाती थी। उनके अहिंसात्मक आन्दोलन की छद्‌मवादी छाया लोगों को दुःखी कर देती थी। क्योंकि गांधीजी के तथाकथित आदर्श उन्हें भारत के मौलिक क्षत्रिय धर्म के आदर्शों के विपरीत दिखाई देते थे।

स्वतंत्र भारत और गांधीवाद

स्वतन्त्र भारत में राक्षस प्रवृत्ति के देश विरोधी लोगों के भी अधिकारों की कल्पना की गई और न केवल कल्पना की गई अपितु उनके अधिकारों की रक्षा के लिए मानव अधिकार आयोग जैसी संस्थाओं का गठन भी किया गया। सरकारें जनसामान्य के अधिकारों की रक्षा तो नहीं कर पाईं पर जो लोग जनसामान्य के मौलिक अधिकारों का हनन कर रहे थे और गिरोह बना–बनाकर लोगों पर अत्याचार कर रहे थे, यदि उन अत्याचारी लोगों का हमारे सैनिक बलों ने किसी प्रकार अन्त कर दिया तो सैन्य बलों की इस प्रकार की कार्यवाही में शासन में बैठे गांधीवादी लोगों को हिंसा अवश्य दिखाई दी। शासन में बैठे लोगों के इस प्रकार के आचरण से पता चलता है कि गांधीजी की अहिंसा की छद्‌मवादी

परिभाषा लोगों को और उनके उत्तराधिकारियों को स्वाधीन भारत में भी वैसा ही आचरण करने की प्रेरणा देती रही है जैसा गांधीजी अपने जीवन काल में करते रहे थे।

क्रान्तिवीर सावरकर और बाबासाहेब अम्बेडकर जैसे यथार्थवादी चिन्तन के नेता मुस्लिम लीग और देश विभाजन के लिए कार्य कर रहे जिन्नाह के प्रति बहुत ही व्यावहारिक दृष्टिकोण अपनाकर चलते थे। इन नेताओं की दृष्टि में और गांधीजी की दृष्टि में बहुत कुछ अन्तर था।

गांधीजी जिन्नाह के प्रति कभी कठोर नहीं हो पाए। यदि वह जिन्नाह की देश विभाजन की मांग का कुछ उसी प्रकार विरोध करते जिस प्रकार उन्होंने नेताजी सुभाषचन्द्र बोस के दोबारा कांग्रेस का अध्यक्ष बनने पर किया था तो निश्चित रूप से जिन्नाह अपनी मांग पर पुनर्विचार करने पर सहमत हो सकता था। इसके विपरीत जिन्नाह जितना अधिक देश तोड़ने की मांग करता गया, गांधीजी उसके प्रति उतने ही विनम्र होते चले गए।

जिन्नाह के प्रति गांधी जी का दृष्टिकोण

23 सितंबर, 1944 की बात है, उस दिन ईद थी। महात्मा गांधी ने उस दिन जिन्ना को दो पत्र लिखे थे। इन पत्रों के अवलोकन से पता चलता है कि गांधीजी जिन्नाह के प्रति किस सीमा तक विनयशील रहते थे? और गांधी जी की इस विनयशीलता का जिन्नाह पर तनिक भी प्रभाव नहीं पड़ता था। पहले पत्र में जिन्नाह के लिए गांधीजी ने लिखा –

'प्रिय कायदे–आजम, कल शाम की बातचीत ने मन खराब कर दिया। हमारी बातचीत और हमारा पत्र–व्यवहार दो समानांतर मार्गों में चलते दिखाई देते हैं और एक–दूसरे को कभी नहीं छूते। कल शाम हम वार्ता–भंग होने की सीमा पर पहुंच गए थे, लेकिन ईश्वर की कृपा है कि हम बिछुड़ना नहीं चाहते थे। हमने बातचीत फिर शुरू की और मेरी संध्याकालीन सार्वजनिक प्रार्थना के लिए ही उसे स्थगित किया। ऐसे महत्वपूर्ण मामले में किसी गलती की कोई संभावना न रहे, इसलिए मैं चाहता हूँ कि आप लिखकर मुझे यह बतला दें कि आप ठीक–ठीक किन बातों पर मेरे हस्ताक्षर चाहेंगे?'

गांधी जी ने देश के विभाजन के लिए जिम्मेदार जिन्नाह के सामने झुकने की सारी सीमाएं पार कर दीं परंतु इसके उपरांत भी जिन्नाह अपने

निर्णय पर अडिग रहा। उसने देश विभाजन करा करके ही दम लिया। यदि गांधीजी एक जिन्नाह जैसे छोटे से नेता को उसके निर्णय से डिगा नहीं सके तो फिर वह अंग्रेजी साम्राज्यवाद को भारत से कैसे भगा सके होंगे? इस पर भी गंभीरता से सोचने की आवश्यकता है। बात स्पष्ट है कि ना तो वह जिन्नाह को पाकिस्तान की मांग से इधर–उधर कर सके और ना ही वह भारत से अंग्रेजों को भगाने में सफल हो सके। हाँ, इतना अवश्य है कि वह किसी दूसरे के पराक्रम और शौर्य को चुराकर उसका श्रेय लेने में अवश्य सफल हो गए। गांधीवाद के इस झूठ को जितनी शीघ्रता से हम अपने बच्चों के मन मस्तिष्क से हटा देंगे, उतना ही अच्छा होगा।

जिन्नाह का नीरसता भरा प्रत्युत्तर

गांधीजी सोच रहे थे कि अपने इस पत्र के माध्यम से वह जिन्नाह का हृदय परिवर्तन करने में सफल होंगे। परंतु जिन्नाह पर उनकी इस विनयशीलता या विनम्रता का तनिक सा भी प्रभाव नहीं पड़ा। उसने बहुत ही नीरसतापूर्ण प्रत्युत्तर गांधी जी को दिया। उसने गांधीजी को लिखा– 'मैं यह कह दूं कि जब तक आप प्रतिनिधिक हैसियत नहीं प्राप्त कर लेते, तब तक आपके द्वारा किसी के प्रतिनिधि की हैसियत से हस्ताक्षर करने का सवाल ही नहीं उठता। जैसा कि मैं पहले ही कह चुका हूँ, हम मार्च 1940 वाले लाहौर–प्रस्ताव के बुनियादी सिद्धांतों (द्विराष्ट्र सिद्धांत और भारत के विभाजन) पर दृढ़ हैं।''

इस प्रकार गांधीजी जिन्नाह को देश विभाजन की मांग से टस से मस नहीं कर पाए। वह अपनी देश विभाजन की मांग पर अडिग रहा। इससे पता चलता है कि गांधीजी का अहिंसात्मक गांधीवाद उनके सामने ही दम तोड़ गया था। उसके उपरान्त भी यदि देश के नेताओं ने गांधीवाद को देश के राजनीतिक मूल्यों के रूप में या देश की राजनीति के लिए एक मार्गदर्शक के रूप में अपनाया है तो यह नितांत मूर्खतापूर्ण कदम है।

गांधी ने उसी दिन जिन्नाह को एक दूसरा खत भी लिखा। वह खत इस प्रकार था –

'भाई जिन्ना,

आज आपको क्या भेजूं, मैं यह सोच रहा था. मैंने सोचा कि मेरे खाने के लिए जो खाखरा बनता है उसमें से यदि आधा भाग आप दोनों भाई–बहन (फातिमा जिन्ना) को भेजूं तो यह मेरे जैसे लोगों को शोभा देगा. तो यह रहा वह आधा भाग. मुझे उम्मीद है कि इसे प्रेम की भेंट समझकर आप अवश्य खाएंगे.

ईद मुबारक

मो. क. गांधी की ओर से.'

गांधीजी के द्वारा दोबारा लिखे गए इस पत्र का संभवतरू जिन्नाह की ओर से कोई उत्तर नहीं आया। जिससे पता चलता है कि गांधीजी का जिन्नाह के प्रति प्यार एकपक्षीय था। जिन्नाह की दृष्टि में गांधीजी का मूल्य इतना ही था कि उनके पत्र का जवाब ही न दिया जाए। अपने एकपक्षीय प्रेम के कारण गांधीजी जिन्नाह के दरबार में घुटने टेके बैठे रहे और वह पूरी ढीठता प्रदर्शित करते हुए गांधीजी की ओर से पीठ किये बैठा रहा।

स्वाधीन भारत में भी हमने कई बार गांधीवादी नेताओं को आतंकवादियों या देशविरोधी शक्तियों के सामने घुटने टेके बैठे हुए देखा है। ये आतंकवादी या देश विरोधी शक्तियां भी इन गांधीवादी नेताओं के प्रति वैसा ही दृष्टिकोण अपनाती रहीं जैसा जिन्नाह गांधीजी के प्रति अपनाता था। जैसे गांधीजी अपने जीवन काल में प्रेम से या अहिंसा से हिंसा को रोक नहीं पाए थे , वैसे ही उनके गांधीवादी राजनीतिज्ञ भी देश में शांति और अहिंसा के माध्यम से या अपनी घुटने टेक नीति के चलते अहिंसा को रोक नहीं पाए।

गांधीजी का ब्रह्मचर्य?

कोई भी 'वाद' तभी वास्तविक 'वाद' के रूप में स्थापित हो सकता है जब वह लोगों को जीवन जीने की एक ऐसी कला सिखाए जो उसे पारिवारिक जीवन से लेकर वैश्विक जीवन तक और वैश्विक जीवन से आध्यात्मिक व पारलौकिक जीवन तक का मार्ग दिखाए। उसे भीतर से इतना परिष्कृत और ज्ञानवृद्ध कर दे कि उसके जीवन और जगत की सारी समस्याएं सुलझाती चली जाएं। यदि गांधीजी के गांधीवाद पर हम विचार करें तो यह हमारी समस्याओं को सुलझाता नहीं बल्कि उलझाता

है। गांधीजी का ब्रह्मचर्य या 'सत्य के साथ मेरे प्रयोग' एक ऐसा ही विचार है जो हमारे प्राचीन कालीन ब्रह्मचर्य सम्बन्धी सिद्धांतों का उपहास उड़ाता है। गांधीजी के इस दोगले चरित्र ने भारतीय राजनीति को बहुत गहराई से प्रभावित किया है। अनेकों राजनीतिज्ञों ने गांधीजी के इस प्रकार के 'सत्य के साथ प्रयोग' का अपने–अपने ढंग से परीक्षण किया है। कितने ही नेताओं पर महिलाओं के यौन उत्पीड़न सम्बन्धी आरोप लगे हैं। जिन्होंने महिलाओं को गांधीजी की भांति एक वस्तु माना और उसे खेती के रूप में प्रयोग किया। अपने इन प्रयोगों को सफल बनाने के लिए गांधीजी ने अनेकों कुंवारी लड़कियों के साथ नग्न सोने का आनन्द लिया। सरदार पटेल ने गांधीजी के इन प्रयोगों को रोकने के लिए गांधीजी को पत्र लिखे थे। कई अन्य कांग्रेसी नेता भी गांधीजी के इस प्रकार के प्रयोगों से असहमत रहे। यहाँ तक कि उनकी पत्नी और बेटे भी उनकी इस प्रकार की अनुचित और अश्लील हरकतों को मानवता और नैतिकता के विरुद्ध मानते थे, परन्तु गांधीजी पर इन सबका कोई प्रभाव नहीं पड़ा। गांधीजी के इस प्रकार के परीक्षणों ने हमारे इतिहास को कलंकित करते हुए वर्तमान राजनीति को भी पतित बनाया है। जिसका सामाजिक परिवेश पर भी दुष्प्रभाव पड़ा है।

ऐसे कई विषयों को स्पष्ट करती हुई यह पुस्तक अब आपके हाथों में हैं। मैं आशा करता हूँ कि आपका आशीर्वाद और प्रोत्साहन मुझे अवश्य ही प्राप्त होगा। मैं यह भी स्पष्ट कर देना चाहता हूँ कि गांधीजी के प्रति मेरे हृदय में बहुत सम्मान है , परन्तु इस सम्मान का अभिप्राय यह नहीं कि गांधीजी के 'सत्य के साथ प्रयोगों' को लोगों की दृष्टि में ही ना लाया जाए। यदि गांधी जी 'सत्य के साथ प्रयोग' करते थे तो हमें भी 'सत्य के साथ प्रयोग' करते हुए उन प्रयोगों का परिणाम लोगों को बताने का पूरा अधिकार है।

भवदीय

डॉ राकेश कुमार आर्य

सम्पादक : उगता भारत

पत्राचार कार्यालय : कृष्णा प्लाजा मार्केट, शॉप नंबर – 10,
तहसील कम्पाउण्ड दादरी , जनपद – गौतमबुद्ध नगर (उत्तर प्रदेश)

विषय सूची

1.
गांधीजी का आदर्श औरंगजेब है

06 दिसम्बर 2017 को 'बीबीसी' ने एक लेख 'औरंगजेब और मुगलों की तारीफ क्यों करते थे– महात्मा गांधी' – शीर्षक से प्रकाशित किया। इस लेख में 'बीबीसी' ने बताया कि गांधीजी के औरंगजेब और मुगल शासकों के प्रति बहुत ही नेक विचार थे। वह उनके धर्मनिरपेक्ष विचारों के प्रशंसक थे और यह भी मानते थे कि उनके शासनकाल में भारत में भाषण और अभिव्यक्ति की स्वतन्त्रता थी। लोग सुख –चैन के साथ परस्पर मिलकर रहते थे। कहीं भी कोई साम्प्रदायिक तनाव नहीं था। सर्वत्र शान्ति थी। यही कारण था कि गांधीजी मुगलों या तुर्कों के भारतवर्ष में शासन को विदेशियों का शासन नहीं मानते थे और ना ही उनके शासनकाल को गुलामी का काल मानते थे। गांधीजी उसे 'स्वराज' का प्रतीक मानते थे। उनके लिए औरंगजेब बहुत ही आदर्श, सहिष्णु और उदार शासक था, जबकि अंग्रेज उतने उदार नहीं थे। यही कारण था कि वह अंग्रेजों के शासन को भारत की गुलामी का काल मानते थे और मुगलों को इस 'पाप' से मुक्त कर देते थे। गांधीजी के ऐसे विचारों को समझ कर स्पष्ट हो जाता है कि उनके ऐसे विचारों की 'काली छाया' वर्तमान इतिहास पर भी पड़ी है। जिसने मुगलों का गुणगान और महाराणा प्रताप व शिवाजी जैसे राष्ट्रभक्तों की उपेक्षा करने का 'पाप' किया है।

गांधीजी का दोगलापन

1 नवंबर, 1931 की सुबह लन्दन के कैम्ब्रिज यूनिवर्सिटी के पेम्ब्रोक कॉलेज में आयोजित एक कार्यक्रम में गांधीजी का एक भाषण रखा गया था। जिसके बारे में 'बीबीसी' ने अपने उपरोक्त लेख में बताया है कि गांधी के सहयोगी महादेव देसाई के अनुसार इस बैठक में गांधी खुलकर बोल रहे थे। बोलते–बोलते एक स्थान पर उन्होंने कहा, "मैं यह जानता

हूँ कि हर ईमानदार अंग्रेज भारत को स्वतन्त्र देखना चाहता है, लेकिन उनका ऐसा मानना क्या दुःख की बात नहीं है कि ब्रिटिश सेना के वहाँ से हटते ही दूसरे देश उस पर टूट पड़ेंगे और देश के अंदर आपस में भी भारी मार–काट मच जाएगी? आपके बिना हमारा क्या होगा, इसकी इतनी अधिक चिंता आप लोगों को क्यों हो रही है? आप अंग्रेजों के आने से पहले के इतिहास को देखें, उसमें आपको हिंदू–मुस्लिम दंगों के आज से ज्यादा उदाहरण नहीं मिलेंगे....औरंगजेब के शासन–काल में हमें दंगों का कोई हवाला नहीं मिलता।''

इसका अभिप्राय है कि गांधी जी ने मुगलों और तुर्कों के शासनकाल में होने वाले हिन्दुओं के सामूहिक नरसंहारों और लोगों के सामूहिक धर्मांतरण को न तो साम्प्रदायिक दंगा माना और न ही मुस्लिम शासकों का हिन्दुओं पर किसी प्रकार का अत्याचार माना। उन्होंने इस प्रकार का प्रदर्शन किया कि जैसे मुगलों व तुर्कों के शासनकाल में यदि ऐसा होता भी रहा तो वह सब कुछ क्षम्य था। वास्तव में यह गांधीजी का दोगलापन ही था।

औरंगजेब बुरा नहीं था

उसी दिन दोपहर को कैम्ब्रिज में ही 'इंडियन मजलि' की एक सभा में गांधीजी ने और स्पष्ट रूप से कहा– 'जब भारत में ब्रिटिश शासन नहीं था, जब वहाँ कोई अंग्रेज दिखाई नहीं देता था, तब क्या हिन्दू, मुसलमान और सिख आपस में बराबर लड़ ही रहे थे?

हिन्दू और मुसलमान इतिहासकारों द्वारा दिए गए विस्तृत और सप्रमाण विवरणों के आधार पर हम कह सकते हैं कि तब हम अपेक्षाकृत अधिक शान्तिपूर्वक रह रहे थे और ग्रामवासी हिन्दुओं और मुसलमानों में तो आज भी कोई झगड़ा नहीं है। उन दिनों तो उनके बीच झगड़े का नामो–निशान तक नहीं था।''

स्वर्गीय मौलाना मुहम्मद अली, जो खुद एक हद तक इतिहासकार थे, मुझसे अक्सर कहा करते थे कि ''अगर अल्लाह ने मुझे इतनी जिंदगी बख्शी तो मेरा इरादा भारत में मुसलमानी हुकूमत का इतिहास लिखने का है। उसमें दस्तावेजी सबूतों के साथ यह दिखा दूँगा कि अंग्रेजों ने गलती की है। औरंगजेब उतना बुरा नहीं था जितना बुरा अंग्रेज इतिहासकारों

ने दिखाया है, मुगल हुकूमत इतनी खराब नहीं थी जितनी खराब अंग्रेज इतिहासकारों ने बताई है।''

गांधीजी ने मुगल काल के इतिहास को इस प्रकार परिभाषित करके स्पष्ट किया कि वह मुगल काल में जितने भर भी अत्याचार हिन्दुओं पर होते रहे , उन्हें अत्याचार नहीं मानते। मुगलों और तुर्कों ने भारत की संस्कृति और धर्म को चाहे जितना नष्ट करने का प्रयास किया हो और चाहे जितने धर्मांतरण करके उन्होंने मुस्लिमों की संख्या बढ़ाने का काम भारत में किया हो , वे सब गांधी जी के लिए स्वीकार करने योग्य थे। उन्होंने हिन्दू स्त्रियों और मुगलों व तुर्कों के द्वारा किए गए अमानवीय अत्याचारों को भी क्षमा के योग्य माना। इसके अतिरिक्त भारत पर उनके बलात शासन को भी गाँधीजी ने 'वैध और स्वराज' कहकर महिमामंडित किया।

गांधी जी ने अपने उपरोक्त भाषण में यह भी स्पष्ट किया कि ''भारत में मुस्लिम साम्प्रदायिकता या हिन्दू मुस्लिम दंगों का इतिहास बहुत अधिक पुराना नहीं है।यह झगड़ा तो तब शुरू हुआ जब हमः गुलामी की शर्मनाक स्थिति में पड़े।''

गांधी जी ने मुगलों व टीपू सुल्तान जैसे शासकों के इतिहास को तोड़ मरोड़ कर हिन्दू विरोधी दिखाने के प्रयासों की आलोचना अपनी पुस्तक 'हिन्द स्वराज' में भी की है। जिसमें उन्होंने तत्कालीन विदेशी इतिहासकारों को इस दुर्भावना के लिए जिम्मेदार ठहराया है।

गांधी जी स्वयं चरखा चलाते थे और इस चरखा चलाने के ढोंग व पाखण्ड का 'सच' उस समय चाहे लोग न जानते हो पर आज सभी जानते हैं कि वह जिस बकरी का दूध पीते थे वह भी बादाम खाती थी। जिस बापू या 'महात्मा' की बकरी भी बादाम खाती हो, उसके लिए आश्रम में वे सारी 'सुविधाएं उपलब्ध' रहती थीं या कहिए की सारी सुविधाएं उपलब्ध होने में किसी प्रकार की कोई समस्या नहीं आती थी जो आज के आश्रम वाले 'बापुओं' के लिए उपलब्ध होती हैं। यही कारण था कि उन्होंने 'महात्मा' रहकर भी वह सारी सुख सुविधाएं भोगीं, जिन्हें एक साधारण व्यक्ति नहीं भोग पाता। गांधी जी ने औरंगजेब को अपने समरूप मानते हुए उसकी इस बात के लिए प्रशंसा की कि वह भी

'टोपियां सीकर' अपना जीवन यापन करता था अर्थात गांधीजी का चरखा चलाना और औरंगजेब का 'टोपी सीकर' गुजारा करना दोनों समान थे। स्वाभाविक है कि यदि इस सबके पीछे गांधी जी का यह 'आदर्श नायक' औरंगजेब भी वही काम करता था जो गांधीजी करते थे तो उसे गांधीजी क्यों बुरा मानते?

उपरोक्त लेख से हमें पता चलता है कि 21 जुलाई, 1920 को 'यंग इंडिया' में लिखे अपने प्रसिद्ध लेख 'चरखे का संगीत' में गांधीजी ने कहा था, "पंडित मालवीयजी ने कहा है कि जब तक भारत की रानी–महारानियां सूत नहीं कातने लगतीं, और राजे–महाराजे करघों पर बैठकर राष्ट्र के लिए कपड़े नहीं बुनने लगते, तब तक उन्हें संतोष नहीं होगा। उन सबके सामने औरंगजेब का उदाहरण है, जो अपनी टोपियां खुद ही बनाते थे।"

"नवजीवन' में गांधी जी ने लिखा था

इसी प्रकार 20 अक्तूबर, 1921 को गुजराती पत्रिका 'नवजीवन' में उन्होंने लिखा, "जो धनवान हो वह श्रम न करे, ऐसा विचार तो हमारे मन में आना ही नहीं चाहिए। इस विचार से हम आलसी और दीन हो गए हैं. औरंगजेब को काम करने की कोई जरूरत नहीं थी, फिर भी वह टोपी सीता था। हम तो दरिद्र हो चुके हैं, इसलिए श्रम करना हमारा दोहरा फर्ज है।"

ठीक यही बात वह 10 नवम्बर, 1921 के 'यंग इंडिया' में भी लिखते हैं, "दूसरों को मारने का धंधा करके पेट पालने की अपेक्षा चरखा चलाकर पेट भरना हर हालत में ज्यादा मर्दानगी का काम है. औरंगजेब टोपियां सीता था ,क्या वह कम बहादुर था?"

टोपी सीकर हिन्दुओं पर अत्याचार करने वाला औरंगजेब गांधी जी को 'बहादुर' दिखाई देता था।

उड़ीसा के कटक में एक सभा को सम्बोधित करते हुए गांधी जी ने संकेत किया था कि–"अंग्रेजों के शासनकाल में भारतीय मानसिक रूप से गुलाम हो गए और उनकी निर्भीकता और रचनात्मकता जाती रही. जबकि मुगलों के शासन में भारतीयों की स्वतन्त्र चेतना और सांस्कृतिक स्वतन्त्रता पर कभी आंच नहीं आई।"

24 मार्च, 1921 को आयोजित इस कार्यक्रम में महात्मा गांधी के शब्द थे, "अंग्रेजों से पहले का समय गुलामी का समय नहीं था। मुगल शासन में हमें एक तरह का स्वराज्य प्राप्त था। अकबर के समय में प्रताप का पैदा होना संभव था और औरंगजेब के समय में शिवाजी फल-फूल सकते थे। लेकिन 150 वर्षों के ब्रिटिश शासन ने क्या एक भी 'प्रताप' और 'शिवाजी' को जन्म दिया है? कुछ सामंती देशी राजा जरूर हैं, पर सब-के-सब अंग्रेज कारिंदे के सामने घुटने टेकते हैं, और अपनी दासता स्वीकार करते हैं।"

ब्रिटिश काल के 'प्रताप' और 'शिवाजी'

ऐसा कहते समय गांधीजी यह भूल गए थे कि महाराणा प्रताप और शिवाजी को समाप्त करने के हर संभव प्रयास उस समय के मुगल शासकों ने किए थे। वह यह भी भूल गए थे कि महाराणा प्रताप और शिवाजी के बनाने में मुगलिया शासन का योगदान नहीं था , बल्कि इन दोनों महान देशभक्तों की देशभक्ति और उनकी शूरवीरता ही इसके लिए उत्तरदायी थी। वे देश की मूल चेतना के प्रतीक थे जो इस बात के लिए कुलबुला रही थी कि देश आजाद हो। इस प्रकार वे उस समय हमारी स्वाधीनता की लड़ाई के नायक थे। गांधीजी में इतना साहस नहीं था कि वे स्वाधीनता के इन महानायकों को इस प्रकार की उपाधि से विभूषित कर पाते। गांधी जी यह भी भूल गए कि महाराणा प्रताप और शिवाजी की इसी क्रान्तिकारी सोच व स्वाधीनता प्राप्ति की उत्कट अभिलाषा की विचारधारा को अर्थात क्रान्तिकारी विचारधारा को गांधीजी के समकालीन नेताजी सुभाषचन्द्र बोस तथा वीर सावरकर और उनके अन्य साथियों ने यथावत अपनाया हुआ था। जैसे प्रताप और शिवाजी मुगलकाल में भारत की मूल चेतना के प्रतीक बनकर खड़े हुए थे , वैसे ही हमारी इसी मूल चेतना के प्रतीक बनकर हमारे ये क्रान्तिकारी अंग्रेजों के काल में मुगलों के काल से भी अधिक तीव्र गति से उठ खड़े हुए थे और अन्त में इन्हीं के बलिदान, त्याग व तपस्या के कारण देश स्वतन्त्र हुआ था।

जब तक हमारे देश के वर्तमान इतिहास पर गांधी जी के मुगलों व औरंगजेब सम्बन्धी इन विचारों की 'काली छाया' पड़ी रहेगी तब तक हमारे महाराणा प्रताप, शिवाजी, सुभाष व सावरकर जैसे अनेकों

क्रान्तिकारी देशभक्तों के महान कार्यों को उनके विचारों की यह काली छाया दबाए रखेगी। निश्चित रूप से अब समय आ गया है जब हम गांधीजी के इन विचारों की इतिहास पर पड़ने वाली 'काल छाया' का पर्दाफाश करें और अपने इतिहास को सही रूप में स्थापित कर वर्तमान पीढ़ी को पढ़ने के लिए प्रस्तुत करें।

2.
जलियांवाला बाग हत्याकाण्ड और गांधीजी

सन 1919 में भारतीय इतिहास में जलियांवाला बाग हत्याकाण्ड की एक बहुत ही निर्दयतापूर्ण घटना घटित हुई थी। उस समय देश के लोगों की एक स्वर से मांग थी कि नरसंहार के खलनायक जनरल डायर पर अभियोग चलाया जाए। लोगों का आक्रोश उफन रहा था और जिन लोगों ने इस हत्याकाण्ड में अपने बलिदान दिए थे उनके परिजन व प्रियजन ही नहीं, अपितु सभी देशवासी उनके बलिदान का 'उचित प्रतिशोध' अंग्रेजी सरकार से लेना चाहते थे।

'प्रतिशोध' पर गांधीजी का विचार

दुर्भाग्य का विषय है कि गांधीजी के यहाँ 'प्रतिशोध' नाम की कोई चीज नहीं थी। यदि कोई मुस्लिम हिन्दू की हत्या कर दे या अंग्रेज अधिकारी के साथ कोई क्रान्तिकारी किसी प्रकार की वारदात कर दे और उसमें ब्रिटिश सरकार किसी प्रकार की प्रतिशोध की कार्यवाही करे तो इस पर गांधीजी की सहमति मिल सकती थी, परन्तु यदि हिन्दू किसी भी प्रकार के 'प्रतिशोध' की बात करता था तो गांधीजी उसका समर्थन न करके दूर भाग जाते थे। यही कारण था कि गांधी जी ने जलियांवाला बाग हत्याकाण्ड में आहत हुए लोगों की भावनाओं का सम्मान न करना ही उचित समझा और किसी भी प्रकार के सहयोग को न करके वे उनका हाथ झटककर दूर जा खड़े हुए।

उस समय देश में डायर के विरुद्ध भावनाएं बहुत ही उग्र हो चुकी थीं। इसके उपरान्त भी गांधीजी डायर को क्षमा करना उचित मानते थे। उन्होंने 'डायरवाद' जैसा एक शब्द तैयार किया। जिसका अभिप्राय था कि यदि ब्रिटिश अधिकारियों या शासकों के विरुद्ध जलियांवाला बाग

दोहराने का प्रयास करोगे अर्थात फिर ऐसी ही कोई सभा करोगे तो 'डायरवाद' जीवित हो सकता है। इसका अभिप्राय था कि वह देश के लोगों को ही 'डायरवाद' से डरा रहे थे। जबकि स्वयं डायर को क्षमा करना उचित मानते थे।

जनरल डायर को क्षमा किस आधार पर और क्यों किया जाए? – इसका तर्क भी गांधीजी ने स्वयं ही गढ़ लिया था। इस सम्बन्ध में उन्होंने कहा था कि 'जनरल डायर के काम आना और निर्दोष लोगों को मारने में उसकी मदद करना मेरे लिए पाप समान होगा। पर यदि वह किसी रोग का शिकार है तो उसे वापस जीवन देना मेरे लिए क्षमा और प्यार का अभ्यास होगा.' (कलेक्टेड वर्क्स ऑफ महात्मा गांधी (सीडब्ल्यूएमजी), खंड 18, पृ. 195, 'रिलिजियस ऑथिरिटी फॉर नॉनकोऑपरेशन', यंग इंडिया, 25 अगस्त 1920)

गांधीजी का अनुचित प्रयास

डायर या कोई भी ब्रिटिश अधिकारी और यहाँ तक कि ब्रिटिश शासकों से पूर्व मुगलों के द्वारा भी हिन्दुओं पर जिस प्रकार के अत्याचार किए जाते रहे , उन्हें किसी न किसी प्रकार से गांधीजी उचित ठहराने का अनुचित प्रयास करते रहे। जनरल डायर को भी उन्होंने अपने ही तर्कों से 'अपराध मुक्त' करने का प्रयास किया।भारतवासी अपनी खोई हुई स्वाधीनता के लिए सैकड़ों वर्षो से अपने बलिदान देते चले आ रहे थे, वे सारे के सारे बलिदान गांधीजी की दृष्टि में व्यर्थ ही थे और न केवल व्यर्थ थे, अपितु गांधीजी की दृष्टि से देखें तो हमारे वे महान स्वाधीनता सैनानी अनर्थकारी भी थे। क्योंकि प्रतिशोध और हिंसा गांधीवाद में कहीं पर भी स्थान प्राप्त नहीं करती। अतः यदि भारतीयों ने अपनी स्वाधीनता की प्राप्ति के लिए दीर्घकालिक क्रान्तिकारी आन्दोलन किया और उसमें कहीं प्रतिशोध व हिंसा का सहारा लिया तो गांधीजी की दृष्टि में वह सारा का सारा संघर्ष सर्वथा अनुचित ही था।

गांधीजी मुगलों को इस देश से प्यार करने वाले शासक मानते थे और उनके राज्य में सभी प्रजाजन सुखी थे ऐसी भ्रांति भी पाले रहे। यही कारण है कि मुगलों के दीर्घकालिक शासन में यदि भारतवासियों ने उनके विरुद्ध किसी प्रकार का संघर्ष किया तो उसे गांधीजी भुला देना

चाहते थे। गांधीजी की इसी धारणा और विचारधारा में विश्वास रखने वाले वर्तमान गांधीवादी इतिहासकार मुगलों या उनसे पहले के शासकों अर्थात तुर्कों के विरुद्ध भारतवासियों द्वारा किए गए किसी भी प्रकार के स्वाधीनता संघर्ष को इतिहास लेखन के समय भुला देने का या कम करके आंकने का प्रयास करते हैं।

अंग्रेजों के प्रति गांधी जी की उदारता

अंग्रेजी शासकों के प्रति अपनी 'उदारता' का परिचय देते हुए और भारतवासियों के द्वारा अंग्रेजों के विरुद्ध किए गए क्रान्तिकारी संघर्ष पर अपनी असहमति प्रकट करते हुए गांधी जी ने लिखा कि डायर ने "मात्र कुछ शरीरों को नष्ट किया, पर कइयों ने एक राष्ट्र की आत्मा को मारने का प्रयास किया।" उन्होंने कहा कि 'जनरल डायर के लिए जो गुस्सा जताया जा रहा है, मैं समझता हूँ, काफी हद तक उसका लक्ष्य गलत है।' (कलेक्टेड वर्क्स ऑफ महात्मा गांधी (सीडब्ल्यूएमजी, खंड 18, पृ. 46, 'रिलिजियस ऑथिरिटी फॉर नॉनकोऑपरेशन', यंग इंडिया, 14 जुलाई 1920)

गांधीजी 'गीता' का गहराई से अध्ययन करते थे और यह भी कहते थे कि मुझे 'गीता'' विषम से विषम परिस्थितियों में से उबरने का सहारा देती है। स्पष्ट है कि यदि 'गीता' में उनकी इतनी अधिक आस्था थी तो वह गीता के कर्मफल सिद्धांत से भी निश्चित ही प्रेरित और प्रभावित रहे होंगे। पर वास्तव में उनका गीता के कर्मफल में प्रकट होने वाला विश्वास भी दोगलेपन का ही शिकार था। यद्यपि 'गीता' को पढ़ने का अभिप्राय कर्मफल व्यवस्था को स्वीकार करना अनिवार्य होता है। 'गीता' स्पष्ट रूप से कहती है कि जो कुछ किया है, उसका परिणाम अर्थात फल अवश्य ही भोगना पड़ेगा। 'गीता' के इसी दृष्टिकोण से प्रभावित होकर भारतवासी डायर के विषय में भी यह मानते थे कि उसे भी अपने किए का परिणाम भुगतना होगा।

इस पर गांधीजी के एक सहयोगी ने तो उन्हें एक पत्र लिखकर उसमें अपनी प्रसन्नता भी व्यक्त कर दी कि जनरल डायर आज जिस बीमारी का शिकार हुआ है ,वह उसके किए का फल है। अपने उस मित्र की बात गांधी जी को अच्छी नहीं लगी। उनके तन बदन में आग लग

गई। यही कारण था कि उन्होंने अपने उस मित्र की बात पर लिखा 'मैं नहीं समझता उसके पक्षाघात का अनिवार्यतः जलियांवाला बाग में उसके कृत्य से कोई सम्बन्ध है?. क्या आपने इस तरह की मान्यताओं के दुष्परिण ामों पर गौर किया है? आपको मेरी पेचिश, एपेंडिसाइटिस और इस वक्त हल्के पक्षाघात की जानकारी होगी। मुझे बहुत अफसोस होगा यदि कुछ अच्छे अंग्रेज ये सोचने लगें, ऐसा आकलन वे कर सकते हैं, कि अंग्रेज हुकूमत के उग्र विरोध के कारण मुझे ये रोग लगे हैं।' (सीडब्ल्यूएमजी, खंड 18, पृ. 34, 'ए लेटर', 24 जुलाई 1927)

इस प्रकार के लेखन और वक्तव्यों के माध्यम से गांधी जी ने अपने देशवासियों को अंग्रेजों के विरुद्ध 'विद्रोही' बनने से रोकने का प्रयास किया। यही कारण है कि उनके विरोधी कई बार उन पर यह भी आरोप लगाते मिलते हैं कि गांधीजी एक योजना के अंतर्गत अंग्रेजों द्वारा भारतीय स्वाधीनता संघर्ष के लिए अपनी ओर से उतारे गए थे। इन गांधी विरोधियों का आरोप रहता है कि गांधीजी 'मैच फिक्सिंग' के माध्यम से अंग्रेजों का विरोध करने में विश्वास रखते थे। उनकी इच्छा थी कि देश के लोग केवल और केवल 'गांधी' नाम की माला जपते रहें और उनके पीछे – पीछे चलते रहें अर्थात उन्हें ही देश का नेता मानकर चलते रहें।

जलियांवाला बाग हत्याकांड की घटना 1919 में घटित हुई थी। उसके सही 19 वर्ष पश्चात अर्थात लगभग दो दशक बाद भी गांधीजी का जनरल डायर के प्रति दृष्टिकोण परिवर्तित नहीं हुआ। उस समय भी वह जनरल डायर को उचित ठहराते हुए उसे क्षमा करने की बात कर रहे थे।

जनरल डायर के प्रति कोई दुर्भाव नहीं था गांधीजी के मन में

'दिवंगत जनरल डायर से अधिक क्रूर और रक्तपिपासु कौन हो सकता था?' गांधी ने प्रश्न किया, 'फिर भी जलियांवाला बाग कांग्रेस जांच समिति ने, मेरी सलाह पर, उस पर मुकदमा चलाने की मांग करने से इनकार कर दिया। मेरे मन में उसके प्रति लेशमात्र भी दुर्भावना नहीं

थी। मैं उससे व्यक्तिगत रूप से मिलना और उसके दिल को टटोलना भी चाहता था, पर ये मात्र तमन्ना ही रह गई।' (सीडब्ल्यूएमजी, खंड 68, पृ. 83, 'टॉक टू खुदाई खिदमतगार्स', 1 नवंबर 1938)

1921 में जाकर गांधी जी को कुछ ऐसा लगा कि जनरल डायर के प्रति उनके दृष्टिकोण में कुछ परिवर्तन किया जाना अपेक्षित है। जिससे देश के लोगों के घावों पर मरहम लगाया जा सके। उन्होंने जनभावनाओं का सम्मान करते हुए उस समय जनरल डायर के प्रति अपनी पूर्व की धारणा में थोड़ा सा परिवर्तन करते हुए लिखा – 'हालांकि हम दूसरों के कुकर्मों को भूल जाने और क्षमा करने की बात करते हैं, पर कुछ बातों को भूलना पाप होगा.' डायर और ओड्वायर (जलियांवाला बाग नरसंहार के दौरान पंजाब का लेफ्टिनेंट गवर्नर) की चर्चा करते हुए गांधी ने कहा, 'हम जलियांवाला बाग नरसंहार के लिए डायर और ओड्वायर को माफ भले ही कर दें, हम इसे भूल नहीं सकते३' (सीडब्ल्यूएमजी, खंड 45, पृ. 132, 'स्पीच टू कांग्रेस लीडर्स, इलाहाबाद', 31 जनवरी 1921)

जनरल डायर जब जलियांवाला बाग हत्याकाण्ड के लिए गठित की गई 'हण्टर कमेटी' के सामने पेश किया गया तो वहाँ उसने अपने निर्दयतापूर्ण अत्याचारों की खुली पैरोकारी की थी। उसने यह स्वीकार कर लिया था कि उसने जानबूझकर निर्दोष लोगों पर गोली चलवाई और वह ऐसा इसलिए करना चाहता था, जिससे कि लोगों में आतंक पैदा हो जाए और ब्रिटिश साम्राज्य का विरोध करने के बारे में वह कभी भविष्य में सोच भी न सकें। जब हंटर कमेटी की रिपोर्ट वायसराय चेम्सफोर्ड के समक्ष प्रस्तुत की गई तो उन्होंने भी यह कहा था कि जनरल डायर को ऐसा नहीं करना चाहिए था। इसके अलग भी उसके पास ऐसे विकल्प थे जिनको अपनाकर वह अपने लक्ष्य को प्राप्त कर सकता था। इस सबके उपरान्त भी गांधीजी एक हत्यारे का पक्ष लेते रहे और उसे क्षमा करने का कार्य करते रहे। क्या ही अच्छा होता कि वह ऐसा न करके भारतवासियों के बलिदानों का सम्मान करते हुए जनरल डायर के विरुद्ध 'कठोर कार्यवाही' की मांग ब्रिटिश सरकार से करते।

वर्तमान में गांधीवाद से प्रेरित इतिहासकार इतिहास के खलनायकों को भी कुछ ऐसे मौलिक अधिकार देते हुए प्रतीत होते हैं , जिनसे वह अपना बचाव कर जाता है और तब पाठक को महाराणा प्रताप और अकबर में भेद करना कठिन हो जाता है। कई बार ऐसी भ्रान्ति होती है कि जैसे महाराणा प्रताप अच्छे न होकर अकबर बादशाह ही ठीक था। यदि महाराणा प्रताप उस समय अकबर का विरोध कर रहे थे तो वह स्वयं ही गलती पर थे।

जनरल डायर जैसे खलनायक का बचाव करते हुए गांधी जी ने एक पत्र के उत्तर में लिखा, 'जनरल डायर निश्चय ही ये मान बैठा था कि यदि उसने जो किया वैसा नहीं किया होता तो अंग्रेज पुरुषों और महिलाओं की जान पर खतरा बन आता। हम, जो कि बेहतर जानते हैं, इसे क्रूरता और प्रतिशोध का कृत्य कहते हैं। पर जनरल डायर के खुद के दृष्टिकोण से, उसने सही किया। अनेक हिन्दुओं को पक्का विश्वास है कि किसी गाय को मारने के इच्छुक व्यक्ति को मार डालना उचित है, और इसके लिए वे शास्त्रों को उद्धृत करेंगे और अनेकों दूसरे हिन्दू उनके कृत्य को जायज करार देते नजर आएंगे। लेकिन गाय की पवित्रता में आस्था नहीं रखने वाले लोगों को एक पशु के कत्ल की वजह से किसी इंसान की हत्या किया जाना अतार्किक लगेगा।' (सीडब्ल्यूएमजी, खंड 33, पृ. 358, 'लेटर टू देवेश्वर सिद्धांतालंकार, 22 मई 1927)

चोर और शाह दोनों एक जैसे

अपने इस कथन में गांधीजी गाय को पालने वाले और गाय को मारने वाले दोनों को ही उचित मान रहे हैं। वह ऐसा स्पष्ट नहीं कह पाए कि गाय को पालने वाला गाय को मारने वाले से कहीं अच्छा है। क्योंकि वह पर्यावरण संरक्षण में सहायक है और सृष्टि चक्र के चलाने में भी सहायता प्रदान कर रहा है। जबकि गाय को मारने वाला पर्यावरण प्रदूषण को भी बढ़ाता है साथ ही सृष्टि चक्र को चलाने में बाधा भी पैदा करता है। गांधीजी की अहिंसा बड़ी अजीब है। ये चोर और शाह दोनों को माफ

करने या दोनों को अच्छा कहने की बात करती है।जबकि संसार का कोई भी कानून ऐसा नहीं है जो चोर और शाह दोनों को ही एक जैसा समझे या दोनों को ही क्षमा करने का पात्र माने। गांधीजी के इसी दोगले विचार को पकड़कर इतिहासकारों ने हमारे दीर्घकालिक स्वाधीनता संग्राम के योद्धाओं के साथ भी ऐसा ही व्यवहार किया है। उन्होंने चोर और शाह दोनों को एक जैसा मानने की चेष्टा की है। जिससे हमारे क्रान्तिकारी आन्दोलन का महत्त्व बहुत फीका पड़ गया। इसे और भी स्पष्ट शब्दों में कहें तो कहीं–कहीं तो हमारे क्रान्तिकारी संघर्ष को पूर्णतया विलुप्त ही कर दिया गया।

3.
अहिंसा और गांधी

महात्मा गांधी की अहिंसा को लेकर आरम्भ से ही वाद विवाद रहा है। इसमें कोई सन्देह नही कि अहिंसा भारतीय संस्कृति का प्राणतत्व है। पर यह प्राणतत्व दूसरे प्राणियों की जीवन रक्षा के लिए हमारी ओर से दी गयी एक ऐसी गारंटी का नाम है, जिससे सब एक दूसरे के जीवन की रक्षा के संकल्प को स्वाभाविक रूप से धारण करने वाले बनें। इस अहिंसा में यह आवश्यक नही है कि आप तो दूसरे के प्रति उदार ही बने रहें और दूसरा आपके प्राणों का शत्रु बन जाए। प्राणों के ऐसे शत्रु के विषय में ध्यातव्य है कि जैसे प्रत्येक प्राणी के जीवन के प्रति उदार रहना हमारी अहिंसा है, वैसे ही दूसरों पर भी यही बात लागू होती है। यदि दूसरे अपने कर्तव्य के प्रति असावधान हैं, तो यही उनकी षठता है। इस षठता के उपचार के लिए और अहिंसा की रक्षार्थ तब एक व्यावहारिक सिद्धान्त आ जुड़ता है–'षठे षाठयम् समाचरेत का। भारत की संस्कृति में अहिंसा का व्रत तभी पूर्ण होता है जब अहिंसा दुष्ट की दुष्टता को दण्डित करने का साहस रखने वाली भी हो। दुर्भाग्य है कि गांधीजी की अहिंसा इस प्रकार का साहस नहीं दिखाती और इससे भी बड़ा दुर्भाग्य यह है कि गांधीजी की ऐसी कायरतापूर्ण अहिंसा को भारतीय इतिहास का एक संस्कार बनाकर स्थापित करने का प्रयास किया गया है।

गांधीजी की अहिंसा का सही अर्थ

"पशु यज्ञ का विशाल आयोजन हो रहा था। चमचमाती तलवार थामे क्रूर वधिक आदेश की प्रतीक्षा में था, कि तथागत गौतम बुद्ध ने प्रवेश किया। राजा अजातशत्रु ने उन्हें नमन किया। तथागत ने एक तिनका देकर कहा–"राजन! इसे तोडकर दिखाइये।"

राजा ने उसके दो टुकड़े कर दिये। तथागत ने कहा–"राजन! अब इन टुकड़ों को जोड़ दीजिए।" राजा ने कहा–"ऐसा कैसे संभव है , भगवान।"

तथागत ने कहा–"राजन ! जिस प्रकार टूटे तिनकों को जोडना सम्भव नही है, वैसे ही अपने पाप को इन निरीह निर्दोष, मूक प्राणियों की बलि से नही मिटाया जा सकता। पशु हिंसा से तुम्हारे पाप में वृद्घि होगी–कमी नही, जो प्राण हममें हैं, वही प्राण इनमें भी हैं, प्राणिमात्र को अपने समान समझकर व्यवहार करना धर्म है। जब तुम किसी में प्राण फूंक नही सकते, तो तुम्हें किसी के प्राण हरण का भी अधिकार नही।" अजातशत्रु ने पशुओं को मुक्त कर दिया। कहने का अभिप्राय है कि हमारी अहिंसा दूसरों के जीवन की रक्षार्थ है। किसी का जीवन लेना या किसी के जीवन जीने के मौलिकअधिकारों में किसी प्रकार की बाधा पहुंचाना एक प्रकार की हिंसा है, जिसे स्वीकार करना अपनी आत्मा के प्रति भी अपराध है।

महात्मा बुद्घ ने हिंसक को अहिंसक बनाया और अनेकों पशुओं की जीवन रक्षा की, इसलिए उनकी अहिंसा स्वीकरणीय है। इधर गांधी जी हिंसक को हिंसक बनाये रखकर अहिंसक को उसका प्रतिकार करने तक में अपराध मान रहे थे। बस, इसी अन्तर को लेकर गांधीजी की अहिंसा को लेकर देश के लोगों ने बार–बार वाद–विवाद की प्रक्रिया को आगे बढ़ाया है।

गांधीजी यथार्थ को नहीं समझ पाए

'सरदार पटेल और भारतीय मुसलमान' के लेखक रफीक जकरिया हमें बताते हैं कि (देश के विभाजन के समय) जिन्ना हिंदू मुसलमानों के मध्य अन्तर को उभारकर सामने रख रहे थे , अपने भाषणों में जगह–जगह जहर उगल रहे थे। पटेल भी इस बात से निराश थे कि मुसलमानों के सच्चे हितचिन्तक महात्मा गांधी पर मुसलमान विश्वास नही करते। यरवदा जेल में गांधीजी के साथ रहते हुए एक दिन उन्होंने लगभग निराश होकर गांधीजी से पूछ लिया–"कोई ऐसे मुसलमान भी हैं जो आपकी बात सुनते हैं?" गांधीजी ने कहा –'इससे कोई अन्तर नही पड़ता कि मेरी बात सुनने वाला एक भी मुसलमान नही है।' जकरिया कहते हैं कि महात्मा गांधी का (अपनी अहिंसक परक नीतियों में) विश्वास कभी नही डिगा। पर सरदार पटेल का विश्वास उनसे डगमगाने लगा। वे चाहते थे कि नेता यथार्थ को समझें और उसका सामना करें। पटेल इस

निष्कर्ष पर पहुंच गये कि लीग के इशारों पर चलकर मुसलमान अपनी कब्र अपने आप खोद रहे हैं। इसके विपरीत गांधी जी का दृष्टिकोण उनके प्रति कहीं अधिक सहानुभूतिपूर्ण था। गांधीजी संकट को संकट समझकर भी संकट नही मानने की हठ कर रहे थे। इसी से उनकी अहिंसा को कई लोगों ने 'कायरों की अहिंसा' कहा।

जब गांधी ने बदली अहिंसा की अपनी परिभाषा

ऐसे अवसर भी आये जब गांधीजी ने भी अहिंसा के विषय में अपने मत में परिवर्तन करने का संकेत दिया या ऐसा करने का साहस दिखाया। उन्होंने परिस्थितिवश ही सही, पर अपने अहिंसावादी सिद्धान्त के प्रति अपने अतिवादी दृष्टिकोण में दोष स्वीकार किया।

जिस समय देश का विभाजन हो गया था, तो पाकिस्तानी सेना ने भारतीय भू–भाग को अपने नियन्त्रण में लेने के लिए कबायलियों के रूप में आक्रमण कर दिया। तब सरदार पटेल ने गांधीजी से व्यंग्यात्मक शैली में कहा कि– 'बापू ! भारत पर पाकिस्तानी सेना ने कबायलियों के रूप में आक्रमण कर दिया है, आप कहें तो सीमा पर कुछ चरखे भेज दें? या देश की सुरक्षा के लिए कुछ और किया जाए।" तब गांधीजी ने सीमा की रक्षार्थ सेना की नियुक्ति की बात कही थी। यह उनके द्वारा एक प्रकार से अपने आज तक के व्यवहार की समीक्षा ही थी और यह आत्मस्वीकारोक्ति भी कि हर सिद्धान्त की अपनी सीमायें होती हैं, और व्यक्ति को कभी भी अपने सिद्धान्त को राष्ट्र का सिद्धान्त बनाकर नही थोपना चाहिए। पर कांग्रेस ने गांधीजी की आत्मस्वीकारोक्ति को राष्ट्र की आत्मस्वीकारोक्ति नही बनने दिया। फलस्वरूप जिस भूल को गांधीजी स्वयं अपने जीवन काल में सुधार गये थे वह आगे नहीं चली।

इसी प्रकार का एक उदाहरण 'भारत छोड़ो आन्दोलन' (1942 अगस्त) के समय का है, जिसमें गांधीजी ने 'करो या मरो' की बात कही थी। जब गांधीजी के इस कथन पर उनके हिंसक हो उठने के आरोप लगने लगे तो वह अपने कहे हुए कथन से 'यू–टर्न' ले गये। उन्होंने अपने 'करो या मरो' के सिद्धान्त को अपनी अहिंसा की नीतियों के अन्तर्गत शीशे में जड़ने का प्रयास किया। जबकि इस नारे में सीधे 'दुष्ट के साथ दुष्टता' का संकल्प दिखता है। उन्होंने इस नारे के माध्यम से भी यही बताने

का विचार किया था कि अधिकारों के लिए संघर्ष अनिवार्य है, और कभी–कभी यह संघर्ष हिंसक भी होना अनिवार्य है।

गांधी जी की दोगली नीति

पैगम्बर मोहम्मद साहब की हदीस भी देखने लायक है। वह कहते हैं कि मुसलमान को एक ही सुराख से बार–बार डंक नही खाना चाहिए अर्थात दो बार धोखा नही खाना चाहिए। (सही मुस्लिम पृष्ठ 713) पुरूषोत्तम का कथन है कि गांधीजी का कहना था कि–"मैं मुस्लिमों पर अविश्वास करने की अपेक्षा एक हजार बार धोखा खाना पसंद करूंगा।"

पुरूषोत्तम अपनी पुस्तक 'भारत के इस्लामीकरण के चार चरण' में लिखते हैं कि एक बार गांधीजी ने दुखी होकर कहा कि–"अब ऐसी स्थिति आ गयी है कि जो हिन्दू और मुसलमान ठीक दो वर्ष पूर्व मित्रवत कंधे से कंधा मिलाकर काम करते थे। अब कुत्ते बिल्ली की भांति आपस में लड़ रहे हैं। इस स्थिति को ठीक करने के लिए उपवास के मध्य एक बार महादेव देसाई ने उनसे पूछा कि–'वह अपनी किस गलती का प्रायश्चित कर रहे हैं?' गांधीजी का उत्तर था–'मेरी गलती क्यों, क्या मुझ पर लांछन नही लगाया जा सकता कि मैंने हिन्दुओं के साथ विश्वासघात (उन्हें अधिक अहिंसावादी बनाकर) किया है? मैंने उनसे कहा था कि वे अपने पवित्र स्थानों की रक्षा के लिए अपना तन और धन मुसलमानों को सौंप दें। आज भी उनसे कह रहा हूँ कि वे अपने झगड़े अहिंसा के मार्ग पर चलकर निपटायें, भले ही मर जाएं, मारें नही। और फल क्या निकला? (मेरी अहिंसा मेरे सामने ही मर गयी, दूसरों पर हिन्दुओं को मेरे द्वारा दी गयी सीख का कोई प्रभाव नही पड़ा) कितनी अधिक बहनें मेरे पास शिकायतें लेकर आयी हैं।'

गांधीजी की वसीयत

जैसा कि मैं कल हकीम जी से कह रहा था कि हिन्दू महिलाएं मुसलमान गुण्डों से त्रस्त हैं, उनके प्राण सूख रहे हैं। अनेक स्थानों पर उन्हें अकेले जाने से डर लगता है। मुझे आज का पत्र मिला है–जिस प्रकार उनके नन्हें – मुन्नों पर अत्याचार किया गया ,उसे मैं कैसे सहन करूं? मैं किस मुँह से कहूँ कि हिन्दू हर स्थिति में धैर्य धारण करें। मैंने

उनसे कहा था कि मुसलमानों की दोस्ती के अच्छे परिणाम निकलेंगे। मैंने उनसे कहा था कि वे निष्काम भाव से मैत्री करें। आज (सब कुछ विपरीत देखकर और स्वयं को छला हुआ सा समझकर) मैं असमर्थ हूँ। उस आश्वासन को पूरा नही कर सकता। मेरी कोई नही सुनता। (सन्दर्भ : ''यंग इंडिया'' 28 मई 1924, सत्यकेतु विद्यालंकर : ''आर्य समाज का इतिहास'' – खण्ड–4 पृष्ठ 705)

इस कथन को 'गांधी बाबा की वसीयत' के अंश के रूप में निरूपित किया जाना चाहिए। एक प्रकार से उन्होंने इस कथन में यह भी स्पष्ट कर दिया है कि नेताओं को भावातिरेक में अपने सिद्धांतों को जनता पर थोपने की हिमाकत नही करनी चाहिए। यह दुखद है कि गांधीजी ने अपनी वसीयत यद्यपि अपनी मृत्यु से 24 वर्ष पूर्व लिख दी थी , पर वह इसे लिखकर भी इसे लागू नही करा सके। क्योंकि वसीयत के अन्त में उन्होंने लिख दिया था कि–''लेकिन मैं आज भी हिन्दुओं से यही कहूंगा कि भले ही मर जाओ, मारो मत।''

आज का इतिहास हमें यही पढ़ाता हुआ दिखाई देता है कि ''मर जाओ – पर मारो मत।'' इतिहास में इस प्रकार पढ़ाए जाने से देश में मुस्लिमों की संख्या 1947 से लेकर अब तक आठ – दस गुणा बढ़ चुकी है, जबकि हिन्दू 4 गुना बढ़ा है। जनसंख्या आंकड़ों के गड़बड़ाए जाने की यह ''काली छाया'' दिन – प्रतिदिन गहराती ही जा रही है। देखते हैं 1947 में देश को तोड़ डालने वाला गांधीवाद अब क्या ''गुल'' खिलाएगा?

4.
गांधीजी और भगत सिंह की फांसी

देश में कुछ लोग हैं जिनको गांधी की आलोचना पचाये नहीं पचती। ऐसे सज्जनों की जानकारी के लिए 'बीबीसी' की ओर से जारी की गई एक समीक्षा को हम यहाँ प्रेषित कर रहे हैं। जिसमें 'बीबीसी' ने यह स्पष्ट करने का प्रयास किया है कि गांधीजी ने शहीदे आजम भगत सिंह और उनके साथियों की फांसी को रुकवाने के लिए कोई गम्भीर प्रयास नहीं किए। बीबीसी के अनुसार – 17 फरवरी 1931 से वायसराय इरविन और गांधी जी के बीच बातचीत आरम्भ हुई। इसके बाद 5 मार्च, 1931 को दोनों के बीच समझौता हुआ।

इस समझौते में अहिंसक तरीके से संघर्ष करने के दौरान पकड़े गए सभी कैदियों को छोड़ने की बात निश्चित हुई। (यही वह दुर्बल पक्ष है जो गांधीजी को क्रान्तिकारियों की फांसी का दोषी बनाता है। उन्होंने अहिंसक ढंग से स्वतन्त्रता संग्राम में भाग लेने वाले लोगों को बचाने की बात कही। इसका अर्थ था कि जो हिंसा में विश्वास रख रहे हैं और क्रान्ति के माध्यम से देश को स्वतन्त्र कराना चाहते हैं , उन्हें वह बचाना नहीं चाहते थे।)

इस सबके उपरान्त भी राजकीय हत्या केस में मृत्यु दण्ड पाने वाले भगत सिंह को क्षमा नहीं मिल पाई। भगत सिंह के अतिरिक्त सभी दूसरे कैदियों को ऐसे मामलों में माफी नहीं मिल सकी। यहीं से विवाद का आरम्भ हुई।

गांधी जी का विरोध

इस दौरान ये प्रश्न उठाया जाने लगा कि जिस समय भगत सिंह और उनके दूसरे साथियों को सजा दी जा रही है तब ब्रितानी सरकार के साथ समझौता कैसे किया जा सकता है? इस मसले से जुड़े प्रश्नों के साथ हिंदुस्तान में अलग–अलग स्थानों पर पर्चे बांटे जाने लगे।

साम्यवादी इस समझौते से नाराज थे और वे सार्वजनिक सभाओं में गांधी जी के विरुद्ध विरोध प्रदर्शन करने लगे।

ऐसे में 23 मार्च 1931 के दिन भगत सिंह, सुखदेव और राजगुरु को फांसी की सजा दे दी गई। इसके बाद लोगों में आक्रोश की लहर दौड़ गई। लेकिन ये आक्रोश सिर्फ अंग्रेजों नहीं अपितु गांधी जी के विरुद्ध भी था क्योंकि उन्होंने इस बात का आग्रह नहीं किया कि 'भगत सिंह की फांसी माफ नहीं तो समझौता भी नहीं।'

साल 1931 की 26 मार्च के दिन कराची में कांग्रेस का अधिवेशन आरम्भ हुआ 'जिसमें पहली और अन्तिम बार सरदार पटेल कांग्रेस के अध्यक्ष बने।

25 मार्च को जब गांधी जी इस अधिवेशन में हिस्सा लेने के लिए वहां पहुंचे तो उनके विरुद्ध विरोध प्रदर्शन किया गया। उनका स्वागत काले कपड़े से बने फूल और 'गांधी मुर्दाबाद'–'गांधी गो बैक' जैसे नारों के साथ किया गया। इस विरोध को गांधी जी ने 'उनकी' गहरी व्यथा और उससे उभरने वाले गुस्से का हल्का प्रदर्शन बताया और उन्होंने कहा कि 'इन लोगों ने बहुत ही गौरवभरी शैली में अपना गुस्सा दिखाया है।'

समाचार पत्रों की रिपोर्ट के अनुसार, 25 मार्च को दोपहर में कई लोग उस जगह पहुँच गए जहां पर गांधी जी ठहरे हुए थे।

'ये लोग चिल्लाने लगे कि 'कहां हैं खूनी'

तभी उन्हें जवाहर लाल नेहरू मिले जो इन लोगों को एक तम्बू में ले गए। इसके बाद तीन घंटे तक बातचीत करके इन लोगों को समझाया, लेकिन शाम को ये लोग फिर विरोध करने के लिए लौट आए। कांग्रेस के भीतर सुभाषचंद्र बोस समेत कई लोगों ने भी गांधी जी और इरविन के समझौते का विरोध किया. वे मानते थे कि अंग्रेज सरकार अगर भगत सिंह की फांसी की सजा को माफ नहीं कर रही थी तो समझौता करने की कोई आवश्यकता नहीं थी। हालांकि, कांग्रेस वर्किंग कमेटी पूरी तरह से गांधी जी के समर्थन में थी। (साभार)

गांधीजी और सुभाष के संस्कार

कई लोग इस बात को भी कहते हैं कि सुभाषचन्द्र बोस ने महात्मा

गांधी को राष्ट्रपिता कहा था, मैं भी मान लेता हूँ कि यह बात सच हो सकती है। लेकिन यह सुभाषचन्द्र बोस का संस्कार था कि वह अपने विरोधी को भी सम्मान देना जानते थे , जबकि गांधीजी का संस्कार यह था कि वह विरोधी की छाया में भी जूते मारते थे। स्वामी श्रद्धानन्द से लेकर सरदार पटेल तक उन्होंने अपने हर उस विरोधी को 'खुड्डे लाइन' लगाने का प्रयास किया , जिन्होंने उनकी प्रत्येक हिन्दू विरोधी गतिविधि, मान्यता या आदेश के सामने झुकने से देशहित में इन्कार कर दिया था।

सुभाषचन्द्र बोस ने यदि गांधीजी को राष्ट्रपिता' कहा तो उनके उन तथ्यों और वास्तविकताओं को भी समझने का प्रयास करना चाहिए कि जब उन्होंने गांधीजी का विरोध किया और उसे मानने से इन्कार कर दिया।

यह बात डंके की चोट कही जा सकती है कि गांधीजी पूरे स्वतन्त्रता संग्राम के एकमात्र 'नायक' नहीं थे। अज्ञानतावश लोग चाहे कितना ही ''गांधी – गांधी'' का शोर मचाएं , लेकिन यह सच है कि गांधी एक नेता तो हो सकते हैं , लेकिन एकमात्र नेता नहीं थे। पूरे स्वतन्त्रता संग्राम को किसी एक व्यक्ति के इर्द–गिर्द केन्द्रित करना देश के पुरुषार्थ , शौर्य और वीरता के साथ खिलवाड़ करना होगा। जिसे इस देश का शौर्य कभी भी सहन नहीं करेगा।

वर्तमान इतिहास का एक दुर्भाग्यपूर्ण पक्ष यह भी है कि यह गांधीजी को स्वाधीनता संग्राम के एकमात्र नेता के रूप में स्थापित करता है और वह शहीद –ए– आजम भगत सिंह को चाहे फांसी से बचाने में गाँधीजी कितने ही असफल और असमर्थ क्यों न रहे हों या उन्होंने जानबूझकर उन्हें फांसी से बचाने का प्रयास क्यों न किया हो – इसके उपरान्त भी उनके प्रत्येक कार्य का महिमामण्डन कर इतिहास में उन्हें 'कालपुरुष' के रूप में स्थापित किया गया है।

देश की अपेक्षा पर खरे नहीं उतरे गांधीजी

जिस समय भगत सिंह और उनके साथियों को ब्रिटिश सरकार फांसी के फंदे पर झुलाने की तैयारी कर रही थी , उस समय सारे देश की अपेक्षा थी कि गांधीजी अपने प्रभाव का प्रयोग करते हुए भगतसिंह और उनके साथियों को फांसी से बचाएं ,परन्तु दुर्भाग्यवश गांधीजी

ने जानबूझकर ऐसा नहीं किया। गाँधीजी ने भगतसिंह की हिंसा को बार–बार उठाया और देश के लोगों के क्रोध की उपेक्षा करते हुए बार–बार यह कहा कि भगतसिंह और उनके साथियों ने ब्रिटिश सरकार के विरुद्ध क्रान्तिकारी ढंग से जिस प्रकार अपना संग्राम जारी रखा है या उसे जारी रखने का प्रयास किया है, वह अक्षम्य है। गांधी जी भगतसिंह और उनके साथियों को आतंकवादी मानते थे और आतंकवादी ही कहते रहे। यही कारण है कि वर्तमान इतिहास की कई पुस्तकों में हमारे इन महान क्रान्तिकारियों को आतंकवादी ही कहा जाता है।

गांधीजी पर अहिंसा का भूत सवार था। वह मुस्लिमों को या ब्रिटिश अधिकारियों को तो कभी हिंसा करने से रोक नहीं पाए पर भारत के हिंदू स्वाधीनता सैनानियों और समाजसेवियों को अहिंसक बने रहने की प्रेरणा अवश्य देते रहे। 6 मई 1946 को समाजवादी कार्यकर्ताओं को अपने सम्बोधन में गाँधी जी ने मुस्लिम लीग की हिंसा के समक्ष अपनी आहुति देने की प्रेरणा दी। देश के लोगों की अपेक्षा गांधी जी से यह नहीं थी कि वे इन समाजवादियों को इस प्रकार की प्रेरणा देंगे।

जब गांधीजी ने 'खिलाफत आन्दोलन' को अपना समर्थन दिया, उस समय भी देश के बड़े वर्ग ने उनके इस निर्णय का विरोध किया था। इतना ही नहीं मोहम्मद अली जिन्ना आदि राष्ट्रवादी मुस्लिम नेताओं ने भी उस समय उनके 'खिलाफत आंदोलन' को दिए जा रहे समर्थन का विरोध किया था। इस सबके उपरांत भी श्जिद्दी गांधीश ने 1921 में खिलाफत आन्दोलन को समर्थन देने की घोषणा की।

जब केरल के मोपला में मुसलमानों द्वारा वहाँ के हिन्दुओं की मारकाट की तो गांधीजी का दोगला चरित्र एक बार फिर उभरकर सामने आया। इस हिंसा में वहाँ के मुसलमानों ने लगभग 1500 हिन्दू मार दिये थे , व 2000 से अधिक को मुसलमान बना लिया था। लोगों की अपेक्षा थी कि हिंसा तो हिंसा है , वह चाहे किसी के भी द्वारा क्यों नहीं जा रही हो? इसलिए गांधीजी हिन्दुओं पर मुसलमानों द्वारा की गई इस हिंसा का विरोध करेंगे और कोई कड़ा निर्णय' लेंग, पर लोगों को उस समय निराशा ही हाथ लगी जब गाँधीजी ने इस हिंसा का विरोध नहीं किया, वरन् खुदा के बहादुर बन्दों की बहादुरी के रूप में इसका वर्णन किया।

गांधीजी की इसी सोच के कारण स्वतन्त्रता प्राप्ति के पश्चात भी 'खुदा के बहादुर बंदे' हिन्दुओं का रक्त बहाते रहे हैं। जिसे इतिहास बहुत निकट से देखकर भी उपेक्षा करता रहा है। यह वैसे ही होता जा रहा है जैसे गांधीजी के समय में इतिहास ने कितनी ही घटनाओं को बड़ी निकटता से देखा , पर उनका वर्णन नहीं किया।

5.

क्या गांधी जी वास्तव में महात्मा थे?

गांधी जी के 'सच' को क्योंकि इतिहास ने छुपाने का 'पाप' किया है, इसलिए बहुत से लोग हैं जो गांधीजी के 'सच' पर लिखे गए किसी लेख पर बड़ी कठोर टिप्पणी किया करते हैं। इस विषय में उन्हें कुछ और अधिक जानकारी गांधीजी के विषय में लेनी चाहिए। गांधी जी अपने लिए स्वयं कहते थे कि 'मैं महात्मा नहीं हूँ' और वह महात्मा थे भी नहीं। क्योंकि महात्मा की जिस परिभाषा को हमारे वैदिक शास्त्रों में दिया गया है ,वह उनसे छू भी नहीं गई थी। वह महिलाओं के साथ नंगे सोने के आदी थे और यही कारण था कि उनकी धर्मपत्नी कस्तूरबा गांधी उनसे घोर घृणा करती थीं। जब वह गांधी की दुष्चरित्रता को प्रकट करने वाली इस प्रवृत्ति का विरोध करती थीं तो उन्हें कई बार अहिंसावादी गांधी की 'हिंसा अर्थात मारपीट' का भी शिकार होना पड़ा था।

पिता की ऐसी अनुचित और अनैतिक प्रवृत्तियों को देखकर उनका एक बेटा मुसलमान बन गया था। बेटे के इस निर्णय से माँ कस्तूरबा गांधी को बहुत अधिक कष्ट हुआ था। उन्होंने अपने बेटे को फिर से हिन्दू बनाने के लिए आर्य समाज के नेताओं से संपर्क स्थापित किया। बाद में कस्तूरबा गांधी आर्य समाज के माध्यम से मुसलमान बने बेटे हीरा को पुनः हिन्दू बनाने में सफल हुई थीं। वर्तमान इतिहास के लिए यह एक गंभीर प्रश्न है कि गांधीजी के पुत्र ने मुसलमान बनने का निर्णय क्यों लिया और फिर उसके मुसलमान बनने के निर्णय से कस्तूरबा गांधी को कष्ट क्यों हुआ? इसी प्रकार अंत में कस्तूरबा गांधी किस संगठन के सहयोग से उन्हें फिर से हिंदू बनाने में सफल हुईं? दुर्भाग्य की बात है कि वर्तमान इतिहास ने इस विषय को अधिक गंभीरता से लिया ही नहीं है। उसने इसे अप्रासंगिक समझ कर छोड़ दिया है। जिससे 'गांधी का सच' सामने न आने पाए।

गांधीजी का ब्रह्मचर्य प्रयोग

देश के सबसे प्रतिष्ठित लाइब्रेरियन गिरिजा कुमार ने गहन अध्ययन और गांधी से जुड़े दस्तावेजों के रिसर्च के बाद 2006 में "ब्रह्मचर्य गांधी ऐंड हिज वीमेन असोसिएट्स" में डेढ़ दर्जन महिलाओं का ब्यौरा दिया है जो उनके ब्रह्मचर्य में सहयोगी थीं और गांधी के साथ निर्वस्त्र सोती–नहाती और उन्हें मसाज करती थीं. इनमें मनु, आभा गांधी, आभा की बहन बीना पटेल, सुशीला नायर, प्रभावती (जयप्रकाश नारायण की पत्नी), राजकुमारी अमृतकौर, बीवी अमुतुसलाम, लीलावती आसर, प्रेमाबहन कंटक, मिली ग्राहम पोलक, कंचन शाह, रेहाना तैयबजी सम्मिलित हैं। प्रभावती ने तो आश्रम में रहने के लिए पति जेपी को ही छोड़ दिया था। इससे जेपी का गांधी से बहुत अधिक विवाद हो गया था।

लगभग दो दशक तक महात्मा गांधी के व्यक्तिगत सहयोगी रहे निर्मल कुमार बोस ने अपनी अति चर्चित पुस्तक "माई डेज विद गांधी" में राष्ट्रपिता का अपना संयम परखने के लिए आश्रम की महिलाओं के साथ निर्वस्त्र होकर सोने और मसाज करवाने का उल्लेख किया है। उनके इस उल्लेख से गांधी जी के वास्तविक जीवन का पता चलता है। वह अपने व्यक्तिगत जीवन में चरित्रहीनता की सभी सीमाओं को लांघ चुके थे।

निर्मल बोस ने नोआखाली की एक विशेष घटना का उल्लेख करते हुए लिखा है, "एक दिन सुबह–सुबह जब मैं गांधी के शयन कक्ष में पहुंचा तो देख रहा हूँ सुशीला नायर रो रही हैं और महात्मा दीवार में अपना सिर पटक रहे हैं।" उसके बाद बोस गांधी के ब्रह्मचर्य के प्रयोग का खुला विरोध करने लगे। जब गांधी ने उनकी बात नहीं मानी तो बोस ने अपने आपको उनसे अलग कर लिया।

गांधी जी के उनकी महिला मित्रों से संबंधों को लेकर लोगों ने बड़े–बड़े ग्रंथ लिखे हैं। जिन्हें कांग्रेसियों ने जानबूझकर लोगों के सामने नहीं आने दिया है, लेकिन यह सारे ग्रंथ यदि बाजार में उपलब्ध हैं तो लोगों को सच का सच के दृष्टिकोण से ही अनुशीलन परिशीलन करना चाहिए। गांधीजी के इस प्रकार के आचरण को भारतीय संस्कृति और सांस्कृतिक मूल्यों की तर्क तराजू पर भी तोलकर देखना चाहिए कि क्या वास्तव में उनकी ऐसी गतिविधियां भारतीय सांस्कृतिक मूल्यों के अनुकूल

थीं? यदि नहीं तो फिर उन्हें महात्मा क्यों कहा जाए?

गांधीजी का वाममार्ग

गांधी जी ने अपनी चरित्रहीनता को छुपाने के लिए इस पश्चिमी मान्यता को अपनाया कि व्यक्ति का व्यक्तिगत जीवन अलग है और सार्वजनिक जीवन अलग है। कहने का अभिप्राय है कि इस प्रकार के बचाव से उन्होंने अपने सच को लोगों के सामने नहीं आने दिया। लोगों ने भी 'बाबा गांधी' की बात को 'ब्रह्मवाक्य' मानकर स्वीकार कर लिया। गांधीजी के पश्चात उनके शिष्य नेहरू ने भी अपनी चरित्रहीनता को छुपाने के लिए ऐसा ही कार्य व्यवहार जारी रखा। धीरे धीरे हमारे नेताओं के भीतर गांधी जी का यह कुसंस्कार एक स्थाई भाव के रूप में व्याप्त हो गया। आज हम समाज पर गांधी – नेहरू के इस 'काले सच' की 'काली छाया' पड़ते हुए देख रहे हैं , जब देश के अधिकांश लोग इसी बात के समर्थक हो गए हैं कि 'मैं शाम को सूर्यास्त के पश्चात सुबह सूर्य उदय होने तक क्या करता हूँ? – यह मेरा व्यक्तिगत जीवन है। इसमें कोई झांके नहीं। सारे समाज की चाल उल्टी हो गई है। भीष्म पितामह के ब्रह्मचर्य और अनेकों ऋषियों के ज्ञान मार्ग पर चलने वाला भारत 'वाममार्ग' पर चल पड़ा है। इसे गांधीवाद की काली छाया न कहा जाए तो क्या कहेंगे?

भीष्म पितामह का उदाहरण

हमें ध्यान रखना चाहिए कि यह देश ब्रह्मचर्य के अश्लील प्रयोग करने वाले महात्मा गांधी का देश कभी नहीं हो सकता। हाँ, ब्रह्मचर्य के प्रयोग के संबंध में इसे उस भीष्म पितामह का देश अवश्य कहा जा सकता है, जिनके बारे में बताया जाता है कि एक दिन वह माता सत्यवती को उनके कक्ष में विशेष शास्त्रों का ज्ञान दे रहे थे। वह पढ़ते जा रहे थे और माता सत्यवती उसे सुनती जा रही थी। सुनते – सुनते माता को नींद आ गई। तब भीष्म ने वहाँ से प्रस्थान करना उचित समझा। पर उन्होंने देखा कि माता सत्यवती का एक पैर पलंग से कुछ नीचे लटका हुआ था। तब उन्होंने उस पैर को हाथ लगा कर ऊपर नहीं किया, अपितु अपने सिर से सहारा देकर उस पैर को ससम्मान ऊपर कर

दिया। इस दृश्य को कहीं से छुपकर चित्र वीर्य और विचित्रवीर्य भी देख रहे थे। उनके मन में यह संदेह था कि भीष्म अकेले में माता को कैसा ज्ञान कराते हैं? जब उन्होंने अपने भाई भीष्म का माता सत्यवती के प्रति ऐसी श्रद्धा भावना देखी तो वह अपने आप पर बहुत लज्जित हुए। एक हमारे वह 'राष्ट्रपिता' भीष्म पितामह थे तो एक हमारा गांधी राष्ट्रपिता है, जो अकेले में निर्वस्त्र महिलाओं के साथ सोता था और उसके बाद क्या करता था? यह सब समझा जा सकता है।

यह देश ब्रह्मचर्य की साधना का देश है ना कि ब्रह्मचर्य के मूर्खतापूर्ण प्रयोगों का देश, जिसमें परस्त्रियों का चीर हरण किया जाए और इसके उपरान्त भी अपने आपको महात्मा घोषित किया जाए।

महर्षि दयानंद का ब्रह्मचर्य

एक सभा में स्वामी दयानन्द जी का व्याख्यान चल रहा था। वह ब्रह्मचर्य विषय पर अपना व्याख्यान दे रहे थे और लोगों को इसका महत्त्व समझा रहे थे। वह लोगों को बता रहे थे कि ब्रह्मचर्य का पालन करने वाले व्यक्ति में न केवल शारीरिक अपितु बौद्धिक बल की भी वृद्धि होती है।

सभा में उपस्थित लोग स्वामी दयानंद सरस्वती की बातों को बड़े ध्यान से सुन रहे थे। सभा समाप्त हुई तो सब उठकर निकलने लगे। स्वामीजी मंच से उतरकर जैसे ही आगे बढ़े एक व्यक्ति ने उन्हें रोक लिया। वह अपनी बैलगाड़ी लेकर आया था। वह स्वामीजी के सम्मुख आकर कहने लगा, 'स्वामी जी! आप ब्रह्मचर्य विषय पर बड़े–बड़े व्याख्यान देते हैं। आपकी बातें प्रभावित भी करती हैं। आप ब्रह्मचारी हैं और मैं ठहरा पारिवारिक जीवन जीने वाला व्यक्ति। ऐसे में हमारी कोई तुलना ही नहीं। फिर भी मुझे आपमें और मुझमें कोई अंतर दिखाई नहीं दे रहा।'

बैलगाड़ी वाले व्यक्ति की बातें सुनकर स्वामी जी केवल मुस्करा दिए। उनसे कोई जवाब न पाकर वह व्यक्ति आगे बढ़ गया। बाहर निकल कर वह अपनी बैलगाड़ी पर बैठा और उसे हांकने लगा। लेकिन यह क्या? गाड़ी टस से मस नहीं हो रही थी। दोनों बैल भरपूर जोर लगा रहे थे, किंतु गाड़ी आगे नहीं बढ़ रही थी। वह व्यक्ति परेशान हो गया। उसे कुछ समझ में नहीं आ रहा था। उसने पीछे मुड़कर देखा तो उसके आश्चर्य

का ठिकाना न रहा। उसने देखा– स्वामी जी बैलगाड़ी का पहिया पकड़े हुए हैं। उसे अपनी भूल और ब्रह्मचर्य की शक्ति का आभास हो चुका था। वह बैलगाड़ी से नीचे उतरा और स्वामी जी के चरणों पर गिर पड़ा।

सचमुच हमारे देश के इतिहास में और पाठ्य पुस्तकों में भीष्म पितामह और स्वामी दयानंद जी महाराज जैसे ब्रह्मचर्य साधकों की ब्रह्मचर्य साधना को ही बच्चों को पढ़ाया जाना चाहिए ना कि गांधीजी के अश्लील ब्रह्मचर्य प्रयोगों को बताकर बच्चों को उन्हीं जैसे मार्ग पर चलने के लिए प्रेरित किया जाए। इससे राष्ट्र का विनाश और ब्रह्मचर्य की शक्ति का सत्यानाश हो रहा है।

6.

मुस्लिम तुष्टिकरण और गांधीजी

लियोनार्ड मोसले के अनुसार भारत विभाजन के समय बड़े पैमाने पर हुई हिंसा के उपरान्त भी महात्मा गांधी ने कहा था– ''चाहे पाकिस्तान में समस्त हिन्दू व सिख मार दिए जाएं, पर भारत के एक कमजोर मुसलमान बालक की भी रक्षा होगी।''

स्रोत–(पुस्तक– भारत का राष्ट्रीय आन्दोलनः एक विहंगावलोकन, लेखक–मुकेश बरनवाल, डॉ. भावना चौहान)

कांग्रेस का इतिहास मुस्लिम तुष्टीकरण के सभी उदाहरणों से भरा हुआ है। आज देश में सीएए व एनआरसी की आड़ में जिन मंचों से मुस्लिम कट्टरपंथी शक्तियों को प्रोत्साहित किया जा रहा है, उन सभी मंचों के पीछे जिस निर्लज्जता के साथ कांग्रेस पार्टी और उसके सभी नेता खड़े हैं, वह कोई नई बात नहीं है। आज जिस प्रकार की भाषा मणिशंकर अय्यर, शशि थरूर सहित सभी कांग्रेसी नेता बोल रहे हैं, यह कांग्रेस के पाठ्यक्रम का एक हिस्सा हैं। वह कांग्रेस ही थी जिसने धर्मनिरपेक्षता (सेक्युलरिज्म) शब्द को संविधान में स्थान दिया , और सदा उसकी आड़ में मुस्लिम कट्टरपंथी शक्तियों को प्रश्रय दिया। जिसका परिण ाम आज तक यह देश भुगत रहा है।

डॉ. अम्बेडकर अपनी पुस्तक 'पाकिस्तान ऑर पार्टीशन ऑफ इंडिया' में लिखते हैं कि ''कांग्रेस ने मुसलमानों को राजनीतिक और अन्य रियायतें देकर उन्हें सहन करने और खुश रखने की नीति अपनाई है। क्योंकि वे समझते हैं कि मुसलमानों के समर्थन के बिना वे अपने मनोवांछित लक्ष्य को नहीं पा सकते। मुझे लगता है कि कांग्रेस ने दो बातें समझी ही नहीं हैं। पहली बात यह है कि तुष्टीकरण और समझौते में अन्तर होता है, और यह एक महत्वपूर्ण अन्तर है। ''तुष्टीकरण'' का अर्थ है, एक आक्रामक व्यक्ति या समुदाय को मूल्य देकर अपनी ओर करना और यह

मूल्य होता है उस आक्रमणकारी द्वारा किये गए, निर्दोष लोगों पर, जिनसे वह किसी कारण से अप्रसन्न हो, हत्या, बलात्कार, लूटपाट और आगजनी जैसे अत्याचारों को अनदेखा करना। दूसरी ओर, "समझौता" होता है दो पक्षों के बीच कुछ मर्यादाएं निश्चित कर देना। जिनका उल्लंघन कोई भी पक्ष नहीं कर सकता। तुष्टीकरण से आक्रान्ता की मांगों और आकांक्षाओं पर कोई अंकुश नहीं लगता, समझौते से लगता है।

दूसरी बात, जो कांग्रेस समझ नहीं पाई है, वह यह है कि 'छूट देने की नीति' ने मुस्लिम आक्रामकता को बढ़ावा दिया है और, अधिक शोचनीय बात यह है कि मुसलमान इन रियायतों का अर्थ लगाते हैं हिन्दुओं की पराजित मानसिकता और सामना करने की इच्छा–शक्ति का अभाव। तुष्टीकरण की यह नीति हिंदूओं को उसी भयावह स्थिति में फंसा देगी जिसमें मित्र देश (द्वितीय विश्वयुद्ध में ब्रिटेन, फ्रांस आदि) हिटलर के प्रति तुष्टीकरण की नीति अपनाकर स्वयं को पाते थे।"

स्रोत–(पुस्तक–डॉ. अम्बेडकर की दृष्टि में मुस्लिम कट्टरवाद, लेखक–एस. के. अग्रवाल : शास्त्री संदेश)

डॉक्टर अम्बेडकर जी का उपरोक्त कथन मुस्लिमों के प्रति उनके व्यावहारिक चिन्तन को प्रकट करता है। उनके इस कथन से यह भी स्पष्ट होता है कि गांधीजी का 'मुस्लिम प्रेम' इस देश के लिए घातक रहा है। दुर्भाग्य की बात है कि तथाकथित गांधीवादी नेता गांधीजी के इसी 'मुस्लिम प्रेम' को इस राष्ट्र का मूल संस्कार घोषित और स्थापित करने की हठ किए हुए हैं।

आज के गांधीवादी नेता भी वैसा ही मुस्लिम प्रेम प्रकट करते हैं जैसा कभी गांधीजी ने 1947 में देश के बंटवारे के समय या उससे पूर्व किया था? इन्हें देश को चोट पहुंचाने के लिए दाखिल हुए उस एक घुसपैठिए की अपेक्षा सारे हिन्दू – सिक्ख शरणार्थी अस्वीकार्य हैं जो अपने प्राण बचाकर किसी प्रकार इस देश को 'अपना घर' समझकर यहाँ आए हैं।

श्रद्धानंदजी के हत्यारे को गांधी ने कहा था – 'भाई'

आर्य समाज जैसी पवित्र और राष्ट्रवादी संस्था ने अनेकों देशभक्त क्रान्तिकारी योद्धाओं का निर्माण किया है। एक समय ऐसा था जब इस संस्था के द्वारा संचालित गुरुकुलों को राष्ट्रभक्ति का कारखाना कहकर

अंग्रेज संबोधित करने लगे थे। इसी संस्था ने स्वामी श्रद्धानन्द जी जैसे महान योद्धा का निर्माण किया था। जिन्होंने 'शुद्धि आन्दोलन' के माध्यम से 5 लाख मलकानी राजपूतों (मुसलमानों) की 'घर वापसी' कराई थी।1926 में स्वामी श्रद्धानन्द जी की हत्या अब्दुल रशीद नामक एक मुस्लिम युवक ने कर दी। लोगों की अपेक्षा थी कि गांधीजी स्वामीजी के हत्यारे के विरुद्ध कठोर कानूनी कार्यवाही करेंगे, की मांग अंग्रेजी सरकार से करेंग, परंतु गांधीजी ने ऐसा न करके स्वामी जी के हत्यारे अब्दुल रशीद को अपना 'भाई' कह कर सम्मानित किया और अपने मुस्लिम प्रेम का प्रकटीकरण किया। उन्होंने स्वामी जी के हत्यारे के जघन्य अपराध को भी उचित ठहराया।

इतना ही नहीं गांधी जी ने स्वामी जी के शुद्धि आन्दोलन को अनर्गल राष्ट्र– विरोधी तथा हिन्दु–मुस्लिम एकता के लिए अहितकारी घोषित किया।

'गांधी छाप इतिहास' इस घटना को आज भी इसी प्रकार महिमामंडित करता है ,और गांधीजी के इस विचार को इस देश के लिए उनकी बहुत बड़ी 'देन' के रूप में स्थापित करता है।

गांधीजी की दृष्टि में गुरु गोविंद सिंह थे – पथभ्रष्ट देशभक्त

हमने पूर्व में ही यह स्पष्ट किया है कि गांधीजी छत्रपति शिवाजी और महाराणा प्रताप जैसे राष्ट्रभक्तों की राष्ट्रभक्ति को उचित दृष्टिकोण से नहीं देखते थे। उन राष्ट्र भक्तों के प्रति उनके हृदय में कोई सम्मान का भाव नहीं था। इसके विपरीत वह औरंगजेब और अकबर के गीत गाते थे। देश के इतिहास के इन महानायकों के प्रति गांधीजी ने अपनी घृणा को प्रकट करते हुए अनेकों अवसरों पर छत्रपति शिवाजी, महाराण ा प्रताप व गुरू गोविन्द सिंह जी को 'पथभ्रष्ट देशभक्त' कहा। जिन महापुरुषों के सत प्रयासों और वीरतापूर्ण कृत्यों से इस राष्ट्र की संस्कृति और धर्म की रक्षा हो सकी और हम राष्ट्र निर्माण करने में सफल हुए वह तो 'पथभ्रष्ट देशभक्त' हो गए और जिस व्यक्ति की हठधर्मिता से हिंदूहितों को अनेकों बार चोट पहुंची और इस देश की संस्कृति , धर्म व इतिहास की परम्पराओं को आघात लगा वह पथ निर्माता हो गया।

राजा हरि सिंह को दिया था गांधी जी ने परामर्श

जम्मू कश्मीर के हिन्दू महाराजा हरिसिंह को गांधी जी ने उनकी 'राष्ट्रभक्ति का उचित पुरस्कार' देते हुए उन्हें काशी जाकर प्रायश्चित करने का परामर्श दिया था। राजा हरिसिंह का अपराध केवल यह था कि वह कश्मीर के हिंदुओं को नवनिर्मित पाकिस्तान के मुस्लिमों की भेंट चढ़ाना नहीं चाहते थे।वह उसे ससम्मान भारत के साथ विलय करना चाहते थे। इस अपराध में गांधी जी ने उन्हें काशी जाकर प्रायश्चित करने का परामर्श किया था। जबकि उसी समय एक और भी रियासत थी ,जिसे हैदराबाद की निजामशाही के नाम से जाना जाता था। वहाँ का निजाम भारत के विरुद्ध खुली बगावत कर रहा था और देश के बीचों–बीच एक नया पाकिस्तान बनाने की दिशा में आगे बढ़ता जा रहा था। इतना ही नहीं वह देश के पौरुष और शौर्य को ललकारते हुए देश को धमकाने की स्थिति में आ गया था। वह देश की संप्रभुता, एकता और अखंडता के लिए खतरा बन चुका था। उस राष्ट्रद्रोही निजाम के प्रति गांधी जी का दृष्टिकोण बहुत ही उदार था। गांधीजी के इसी दृष्टिकोण से कांग्रेस का हिन्दू विरोधी चरित्र विकसित हुआ। वर्तमान में कांग्रेस के जिस विकृत हिंदू विरोधी चेहरे को हम देखते हैं, उसके मूल में गांधी और गांधीवाद का यही चिन्तन कार्य करता रहा है कि मुस्लिमों का चाहे जितना राष्ट्र विरोधी दृष्टिकोण हो , उसे फिर भी उचित मानो और हिन्दू चाहे जितना सहिष्णु और सामाजिक समरसता में विश्वास रखने वाला हो, उसे उत्पीड़ित करते रहो। एक प्रकार से कांग्रेस के इस 'शासकीय आतंकवाद' को इसी गांधीवाद ने जन्म दिया है। 'संगठित अपराध' का विरोध करने वाली कॉंग्रेस और उसके इतिहास लेखक क्या कभी कांग्रेस के इस 'शासकीय आतंकवाद' या उसकी 'संगठित अपराध' की इस कार्यशैली को भी स्पष्ट कर सकेंगे?

7.
कांग्रेस अध्यक्ष सुभाष और गांधीजी

1938 में हरिपुरा अधिवेशन के वार्षिक अधिवेशन के लिए सुभाष चंद्र बोस को कांग्रेस का अध्यक्ष बनाया गया था। वास्तव में कांग्रेस के द्वारा नेताजी सुभाष चंद्र बोस को अध्यक्ष पद पर बैठाए जाने की यह घटना अपने आप में बहुत महत्वपूर्ण थी ,क्योंकि इसके पश्चात तथाकथित 'गांधी युग' समाप्त होकर कॉन्ग्रेस क्रांतिकारी नेताजी सुभाष चंद्र बोस के युग में प्रवेश कर रही थी। जिससे 'गांधीवाद का भूत' कभी देश में पनपता ही नहीं। गांधी जी ने नेताजी सुभाष चंद्र बोस के संगठन अथवा कॉन्ग्रेस के अध्यक्ष पद पर विराजमान होने की इस घटना से समझ लिया था कि उनके दिन तब 'लद चुके हैं।'

हरिपुरा में कांग्रेस अधिवेशन के समय नेताजी सुभाष चंद्र बोस ने जवाहरलाल नेहरू की अध्यक्षता में एक राष्ट्रीय योजना समिति की स्थापना की। जिसके सदस्यों में बिडला,लाला श्रीराम, विश्वरैया सम्मिलित थे। कांग्रेस अध्यक्ष के रूप में जब नेताजी सुभाष चंद्र बोस ने अपना कार्यभार संभाला तो गांधीजी धीरे–धीरे प्रभाव शून्य होने लगे। यद्यपि नेताजी सुभाष चंद्र बोस का गांधीजी के प्रति दृष्टिकोण अत्यंत श्रद्धा भावना वाला था , परंतु इसके उपरान्त भी गांधी जी को यह आभास होने लगा था कि नेताजी सुभाष चंद्र बोस के रहते उन्हें 'अपेक्षित सम्मान' नहीं मिल पा रहा है। वैसे सच भी यही था , क्योंकि उस समय देश में नेताजी सुभाष चंद्र बोस सबसे अधिक लोकप्रिय नेता थे। इतना ही नहीं , कांग्रेस के भीतर भी लोग उन्हें ही सुनना चाहते थे , गांधी जी को नहीं। तब गांधीजी इस प्रतीक्षा में थे कि अगले वर्ष के अधिवेशन में नेताजी सुभाष चंद्र बोस को किसी भी स्थिति में कांग्रेस का अध्यक्ष नहीं बनने देना है। गांधी जी अब नेताजी सुभाष चंद्र बोस की 'राजनीतिक हत्या' करने की योजना बनाने लगे थे। इससे पूर्व भी वह

कई नेताओं की राजनीतिक हत्या कर चुके थे। भारतीय इतिहास का यह एक दुर्भाग्यपूर्ण तथ्य है कि अनेकों समकक्ष नेताओं की राजनीतिक हत्या करने वाले गांधीजी को 'अहिंसा का पुजारी' मानकर महात्मा के रूप में पूजा जाता है।

भारतीय वांग्मय में मन, वचन ,कर्म तीनों से मनुष्य का अहिंसक होना अनिवार्य माना जाता है। जो व्यक्ति इस प्रकार की साधना में लीन रहता है या सफल हो जाता है , उसे ही अहिंसा का पुजारी कहा जाता है। गांधीजी न केवल वैचारिक हिंसा में अपितु कस्तूरबा गांधी के साथ तो शारीरिक हिंसा करने तक में भी अनेकों बार दृष्टिगोचर होते हैं। इसके उपरान्त भी वह 'अहिंसा के पुजारी' हैं। जो लोग हमारे मत से सहमत नहीं है वे पहले अहिंसा की वास्तविक परिभाषा को समझें। फिर गांधीजी की मानसिकता को समझते हुए यह विचार करें कि गांधीजी वास्तव में किस प्रकार अपने राजनीतिक विरोधियों की 'हत्या' करने में कुशल थे?

गांधीजी ने किया नेताजी का खुला विरोध

1939 के त्रिपुरी कांग्रेस के वार्षिक अधिवेशन में सुभाषचंद्र बोस दूसरी बार अध्यक्ष पद के प्रत्याशी बने। वे गांधी की रुचि के प्रत्याशी पट्टाभि सीतारमैय्या को परास्त कर दूसरी बार अध्यक्ष चुन लिये गये। वास्तव में यह जीत नेताजी सुभाष चंद्र बोस के कार्यों की जीत थी , उनकी विचारधारा की जीत थी, उनके द्वारा व्यक्तिगत स्तर पर की गई राष्ट्रभक्ति की जीत थी। जिसे गांधीजी पचा नहीं पाए। वह जिस प्रकार उनकी 'राजनीतिक हत्या' की प्रतीक्षा में थे , उनका वह मनोरथ भी पूर्ण नहीं हो पाया। अतः गांधीजी उनकी जीत पर झल्ला पड़े। गांधी जी ने पट्टाभि सीतारमैय्या की हार को अपनी व्यक्तिगत हार बताया।

सचमुच किसी 'महात्मा' के लिए ऐसा आचरण शोभनीय नहीं होता कि वह अपने राजनीतिक विरोधी की जीत को व्यक्तिगत हार बताए , परन्तु क्योंकि गांधीजी नेताजी सुभाष चंद्र बोस की राजनीतिक हत्या की योजनाएं बना रहे थे, इसलिए उनका मानस दूषित और विकृत हो चुका था। उसी की स्पष्ट परछाई उनकी इस टिप्पणी में दिखाई दी कि पट्टाभिसीतारमैया की हार उनकी व्यक्तिगत हार है।

'महात्मा' को लगा गहरा झटका

चुनाव के बाद अधिवेशन में पारित प्रस्ताव द्वारा अध्यक्ष को गांधी जी की इच्छानुसार कार्य समिति के सदस्य नियुक्त करने को कहा गया, लेकिन गांधी पट्टाभीसीतारामय्या की हार से इतने अधिक दुःखी थे कि उन्होंने कोई भी नाम अपनी ओर से कार्य समिति के लिए देने से इनकार कर दिया। वैसे तो हमारे यहाँ महात्मा उस व्यक्ति को माना जाता है जो जय – पराजय , यश –अपयश , हानि – लाभ, दुख – सुख सभी में एक सा रहे और पक्षपातशून्य होकर लोगों के साथ न्यायशील व्यवहार करे। परंतु हमारे इस महात्मा का आचरण कुछ दूसरा ही था। क्योंकि वह मूल रूप में महात्मा नहीं थे , इसलिए उनके भीतर वे सारे विकार थे जो एक सामान्य व्यक्ति के भीतर होते हैं। यही कारण था कि उन्होंने पट्टाभिसीतारमैया की हार को अपने लिए 'मानसिक आघात' समझकर ऐसा आचरण किया।

मानसिक आघात से उपजे क्रोध मिश्रित आवेश को प्रकट करने के लिए नेताजी सुभाष चंद्र बोस से उन्होंने और नेहरू ने बोलना भी छोड़ दिया। ऐसा आचरण करते हुए गांधी जी का स्पष्ट मानना था कि यदि वह नेताजी सुभाष चंद्र जैसे स्वाभिमानी व्यक्ति के साथ इस प्रकार का आचरण करेंगे तो वह पार्टी और पद को छोड़कर चले जाएंगे। बस , यही वह स्थिति होगी जब वह नेताजी की 'राजनीतिक हत्या' करने में सफल हो जाएंगे। सचमुच हुआ भी यही। गांधी और नेहरू को इस प्रकार के आचरण से दुखी होकर सुभाष चंद्र बोस के लिए पार्टी संगठन को चलाना कठिन हो गया।

नेताजी ने दिया त्यागपत्र

अन्ततः सुभाषचंद्र बोस ने अप्रैल,1939 को कांग्रेस अध्यक्ष पद से त्यागपत्र दे दिया। डॉ. राजेन्द्र प्रसाद को सुभाष चंद्र बोस के स्थान पर नया कांग्रेस अध्यक्ष बनाया गया। अब गांधीजी निश्चिंत थे। क्योंकि नेता जी के त्यागपत्र के पश्चात कांग्रेस में फिर से 'गांधी युग' लौट आया था। 3 मई 1939 को सुभाष चंद्र बोस ने फारवर्ड ब्लाक की स्थापना की। इसके उपरान्त भी गांधी जी को यह भय था कि कहीं भविष्य में

नेताजी सुभाष चंद्र बोस फिर कांग्रेस पार्टी में प्रवेश पाने में सफल न हो जाएं। इसके लिए उन्होंने नई योजना पर विचार करना आरम्भ किया। जिससे कांग्रेस में 'गांधी युग' को कोई चुनौती न रहे और 'सुभाष युग' कभी स्थापित भी न होने पाए। अपनी इसी योजना को सिरे चढ़ाते हुए गांधी जी ने अगस्त 1939 को अखिल भारतीय कांग्रेस कमेटी तथा बंगाल कांग्रेस कमेटी के अध्यक्ष पद से नेताजी सुभाष चंद्र बोस को हटा दिया। साथ ही कांग्रेस के सभी पदों से उन्हें तीन वर्षों के लिए अयोग्य घोषित कर दिया गया।

जब डॉक्टर राजेंद्र प्रसाद को इस पद के लिए चुना गया तो उस समय भी कांग्रेस का बहुमत नेताजी सुभाष चंद्र बोस के साथ था। परंतु 'लोकतंत्र की हत्या' कर गांधी और नेहरू ने डॉ राजेंद्र प्रसाद को अनैतिक और अवैधानिक रूप से पार्टी का अध्यक्ष बना दिया।

डॉ राजेंद्र प्रसाद स्वयं नहीं चाहते थे कि उन्हें इस प्रकार अध्यक्ष बनाया जाए, पर वह गांधीजी के 'आदेश' को टाल नहीं पाए। वास्तव में गांधी जी ने यह सोच लिया था कि नेताजी सुभाष चंद्र बोस के स्थान पर यदि डॉ राजेंद्र प्रसाद जी जैसे सौम्य और शालीन व्यक्ति को अध्यक्ष बनाया जाता है तो वह उनके दिशा निर्देशानुसार कार्य करेंगे और उनके अध्यक्ष बने रहने से उनकी अहिंसा को किसी प्रकार का संकट उत्पन्न नहीं होगा।

डॉ राजेंद्र प्रसाद को नहीं बोलने दिया गया

राजेंद्र प्रसाद पर यह भी आरोप लगे कि वे सुभाष चन्द्र बोस के अध्यक्ष चुने जाने पर प्रसन्न नहीं हैं। राजेंद्र प्रसाद ने भी माना कि वे सुभाष से बहुत सी बातों पर सहमत नहीं हैं। यद्यपि डॉ राजेंद्र प्रसाद ने यह भी स्पष्ट किया कि उनके और नेताजी सुभाष चंद्र बोस के मध्य कटुता जैसी कोई बात नहीं थी , जैसा कि तब के अखबार दावा कर रहे थे। राजेंद्र प्रसाद को अध्यक्ष बनाए जाने की मांग उन्हें स्वयं भी रुचिकर नहीं लगी थी।उन्होंने गांधीजी से कहा कि मैं अध्यक्ष नहीं बनना चाहता। तब गांधीजी जी ने राजेंद्र प्रसाद पर दबाव डाला कि तुम्हें अध्यक्ष बनना ही पड़ेगा। गांधीजी अपनी 'घृणा के केंद्र' नेताजी सुभाषचंद्र बोस को पार्टी के अध्यक्ष पद पर देखना नहीं चाहते थे। वे यथाशीघ्र उन्हें पार्टी

से चलता कर देने की योजना पर अर्थात उनकी 'राजनीतिक हत्या' कर देने पर काम कर रहे थे।

अखिल भारतीय कमेटी की पहले दिन की बैठक समाप्त होने के पश्चात इस बात पर पांडाल में हंगामा हो गया। गोविन्दवल्लभ पन्त और कृपलानी के साथ दुर्व्यवहार किया गया। मारपीट तक की स्थिति आ गई थी। दूसरे दिन सुभाष चन्द्र बोस राजेंद्र बाबू की के कारण अधिवेशन में नहीं आए और उन्होंने अपना त्यागपत्र भेज दिया। अगले दिन जैसे ही राजेंद्र प्रसाद बोलने के लिए खड़े हुए, नेताजी सुभाष चंद्र बोस के समर्थकों ने शोर मचाना आरम्भ कर दिया। क्योंकि जो भी कार्यवाही आरम्भ की गई थी ,वह सब अवैधानिक और अनैतिक थी। उसमें केवल एक ही योजना पर काम हो रहा था कि जैसे भी हो सुभाष चंद्र बोस को पार्टी के अध्यक्ष पद से हटाया जाए और गांधी के चहेते राजेंद्र प्रसाद को इस पद पर बैठा दिया जाए।

राजेंद्र प्रसाद चुपचाप खड़े रहे और हंगामे के शान्त होने की प्रतीक्षा करते रहे। हंगामा शान्त होने पर राजेंद्र प्रसाद ने सभा समाप्त कर दी। जब वे वहाँ से जाने लगे तो कुछ लोगों ने उनको पकड़ लिया और खींचतान करने लगे। दूसरे लोग उन्हें बचाने के लिए आए. राजेंद्र प्रसाद को चोटें तो नहीं आईं, लेकिन उनके कपड़ों के बटन टूट गए। किसी तरह उन्हें गाड़ी तक पहुँचाया गया। इस बात से राजेंद्र प्रसाद बहुत आहत थे कि उन्हें बहुमत के विरोध के उपरान्त भी अध्यक्ष बनाया गया है। पर उनकी अंतरात्मा इतनी 'विद्रोही' नहीं हो पाई कि वह गांधी जी की बात को काटकर अपना 'राज्याभिषेक' स्थगित करा देते, और सिंहासन के वास्तविक उत्तराधिकारी नेताजी सुभाष चंद्र बोस को उनका 'सिंहासन' सौंप देते। इतना भी नहीं कर सकते थे तो वह कह देते कि मैं नेताजी सुभाष चंद्र बोस के 'वनवास' का विरोध करता हूँ और 'पिता तुल्य' गांधीजी के 'आदेश' का सम्मान करते हुए नेताजी सुभाष चंद्र बोस की ओर से उनकी चरण पादुकाओं को सिंहासन पर रखकर वैसे ही शासन करूंगा जैसे वनवासी राम की अनुपस्थिति में भारत ने शासन किया था। इससे गांधी जी के 'रामराज्य' की रक्षा भी हो जाती और साथ ही उनके अहम की तुष्टि भी हो जाती।

आज जो कांग्रेस हमें लोकतन्त्र के पाठ पढ़ाती है, यह वही पार्टी है जिसमें लोकतंत्र की इसी प्रकार अनेकों बार हत्या की गई है। पार्टी के किसी परिवार या किसी विशिष्ट व्यक्ति की इच्छा के सामने पार्टी में 'लोकतन्त्र की हत्या' करके किसी व्यक्ति को पार्टी का दायित्व दिया गया है। इतना ही नहीं भारत वर्ष में जितने भी गांधीवादी धर्मनिरपेक्ष राजनीतिक दल हैं , उनके भीतर भी गांधीवाद के इसी अवगुण को प्रश्रय दिया जाता है कि एक व्यक्ति के सामने सारी पार्टी नतमस्तक रहती है। किसी एक ही व्यक्ति के हाथ में पार्टी की सारी बागडोर रहती है। वह जिसे चाहे अध्यक्ष बनाए और जिसे चाहे चलता कर दे। गांधीवाद का यह कुसंस्कार लोकतंत्र में घुन की तरह प्रविष्ट हो चुका है। नेताजी सुभाष चंद्र बोस के बाद यहां अनेकों बार अनेकों राजनीतिक दलों में कितने ही 'सुभाष चंद्र बोसों' की ऐसी ही राजनीतिक हत्याएं की गई हैं। भारत को गांधीवाद की यह बहुत बड़ी देन है।

यद्यपि राजेंद्र प्रसाद बहुत ही शान्त स्वभाव के और सम्मानित नेता थे , परन्तु पार्टी का उन्हें उस समय बहुमत का समर्थन प्राप्त नहीं था। पार्टी के लोग क्रान्तिकारी नेताजी सुभाष चंद्र बोस के साथ थे और चाहते थे कि पार्टी क्रान्तिकारी रास्ते को अपनाकर देश की आजादी के लिए क्रान्तिकारी ढंग से कार्य करे। आज के इतिहास में कांग्रेस के भीतर बैठे बहुमत के उन लोगों की आवाज दबा दी गई है ,जिसमें उस समय पार्टी का बड़ा वर्ग पार्टी को क्रान्तिकारी ढंग से काम करने के लिए उस पर दबाव बना रहा था। यदि सुभाष को सही ढंग से काम करने दिया जाता और गांधी – नेहरू उनसे बोलना न छोड़कर उन्हें अध्यक्ष पद पर यथावत सुशोभित रहने देते या कार्यसमिति के लिए उन्हें सदस्यता का आमंत्रण देकर कांग्रेस को आगे बढ़ाते तो भारत का इतिहास कुछ दूसरा ही होता।

लाहौर अधिवेशन में पटेल के साथ भी हुआ था ऐसा ही

हमने ऊपर स्पष्ट किया है कि त्रिपुरा अधिवेशन में जो कुछ नेताजी सुभाष चंद्र बोस के साथ हुआ था , वह अकेले उनके साथ ही नहीं हुआ था अपितु कांग्रेस में उनसे पूर्व भी कई लोगों के साथ ऐसा हो चुका था। भारतीय राष्ट्रीय कांग्रेस के 1929 के लाहौर अधिवेशन की बात करें तो

उस समय पार्टी के अध्यक्ष पद के लिए 3 प्रत्याशियों का नाम प्रमुखता से चल रहा था। जिनमें महात्मा गांधी स्वयं ,सरदार पटेल और जवाहरलाल नेहरू का नाम था। उस समय कांग्रेस में पिछले 8 वर्षों से हर बार पूर्ण स्वाधीनता का प्रस्ताव लाया जा रहा था , जिसके गांधीजी विरोधी थे। गांधीजी ने स्वाधीनता के प्रस्ताव को स्वीकृत होने से रोकने के प्रयास में अध्यक्ष पद की दावेदारी छोड़ दी और पटेल पर भी नाम वापस लेने के लिए दबाव डाला। जवाहरलाल नेहरू अध्यक्ष बने। इस अधिवेशन के विषय में कई लोगों का यह भी विचार है कि लाहौर कॉंग्रेस में वल्लभभाई पटेल का बहुमत से चुनाव सम्पन्न हुआ था , किन्तु गान्धी की जिद के कारण यह पद जवाहरलाल नेहरु को दिया गया। कुछ भी हो इतना तो निश्चित है कि गांधीजी ने 1929 में सरदार पटेल की भी बलि ली थी। इतना ही नहीं आगे चलकर उन्होंने सरदार वल्लभभाई पटेल को देश का प्रधानमंत्री बनने से रोक कर भी अपनी हठधर्मिता का परिचय दिया था।

तनिक कल्पना करें कि यदि गांधीवाद की ये हठधर्मिताएं हमारे इतिहास का अंग नहीं होतीं तो हमारे देश का इतिहास कैसा होता?

8.

बम का दर्शन और हमारा इतिहास

26 जनवरी 1930 ई0 का दिन कांग्रेस के इतिहास में एक ऐतिहासिक दिन के रूप में अंकित है। क्योंकि इसी दिन पंजाब में रावी नदी के किनारे कांग्रेस के अध्यक्ष पंडित नेहरू के नेतृत्व में कांग्रेसियों ने झण्डा फहराकर पूर्ण स्वाधीनता का संकल्प लिया था। कांग्रेस के कार्यकर्ता सर्वत्र हर्षोल्लास व्यक्त कर रहे थे और सारी कांग्रेस भी यह संकल्प ले रही थी कि अब हम पूर्ण स्वाधीनता लेकर ही रहेंगे और जब तक हमें पूर्ण स्वाधीनता नहीं मिल जाती है , तब तक हम प्रत्येक वर्ष 26 जनवरी को स्वाधीनता दिवस के रूप में मनाया करेंगे।

कांग्रेस इस दिन पूर्ण स्वाधीनता दिवस मना रही थी , जबकि हमारे देश के क्रान्तिकारी भगतसिंह और उनके साथी एक पर्चा बांट रहे थे। यह पर्चा और कुछ नहीं था , भगवती चरण वोहरा नाम के क्रान्तिकारी द्वारा लिखा हुआ और स्वयं सरदार भगतसिंह के द्वारा सम्पादित एक पत्र था। जिसमें गांधी जी और उनकी कांग्रेस की पोल खोली गई थी। जैसा कि हम सभी जानते हैं कि गांधीजी हमारे महान क्रान्तिकारियों के किसी भी कार्य के समर्थक नहीं थे। उनकी दृष्टि में क्रान्तिकारियों का कार्य हिंसा को प्रोत्साहित करना था। जिसमें उनकी कोई आस्था नहीं थी। यह अलग बात है कि गांधी जी की अहिंसा भी दोगली थी और 1930 ई0 तक वह स्वाधीनता की मांग भी नहीं कर रही थी। जबकि हमारे क्रान्तिकारियों की तथाकथित हिंसा पूर्णतया शुद्ध थी और उसका लक्ष्य पहले दिन से ही देश की पूर्ण स्वाधीनता था। क्रान्तिकारियों की गतिविधियों से असहमत होने के कारण ही गांधीजी अपने इन देशभक्त लोगों की ब्रिटिश अधिकारियों और शासकों से भी अधिक निन्दा किया करते थे।

बात उस समय की है जब 23 दिसम्बर, 1929 को क्रान्तिकारियों ने ब्रिटिश साम्राज्यवाद के स्तम्भ वाइसराय की गाड़ी को उड़ाने का असफल प्रयास किया था। गांधीजी को क्रान्तिकारियों की ऐसी गतिविधि पसन्द नहीं थीं। यही कारण था कि उन्होंने हमारे महान क्रान्तिकारियों की इस 'बम संस्कृति' का विरोध करते हुए गाँधी जी ने इस घटना पर एक लेख 'बम की पूजा' लिखा। अपने इस लेख में गांधी जी ने क्रान्तिकारियों की गतिविधियों और उनके उपायों की कटु आलोचना की थी। इतना ही नहीं उन्होंने क्रान्तिकारियों की ऐसी गतिविधियों को स्वतन्त्रता मिलने में एक 'रोड़ा अटकाना' माना था और तत्कालीन वायसराय की उन्होंने खुलकर प्रशंसा की थी। गांधी जी यह भूल गए थे कि –

आह भरने से नहीं सययाद पर होता असर,
टूटता पाषाण है पाषाण के आघात से।।

गांधी जी के कटु आलोचना से भरे हुए उपरोक्त लेख के प्रति उत्तर में भगवतीचरण वोहरा ने 'बम का दर्शन' लेख लिखा। जिसका शीर्षक उन्होंने 'हिन्दुस्तान प्रजातन्त्र समाजवादी सभा का घोषणापत्र' बनाया था। भगतसिंह ने जेल में रहते हुए ही इसको पढ़ा और इसको सम्पादित करने के उपरान्त अन्य क्रान्तिकारियों के माध्यम से जनता में बंटवाने का निर्देश दिया।

23 दिसंबर 1929 को वायसराय की स्पेशल ट्रेन उड़ाने का जो प्रयास हमारे क्रान्तिकारियों के द्वारा किया गया था , उसकी कांग्रेस द्वारा निन्दा की गई थी और कांग्रेस ने एक प्रस्ताव पास कर उसे वायसराय की सहानुभूति बटोरने के लिए उसके पास भी भेजा था। इस पत्र का शुभारम्भ कांग्रेस के इस निन्दनीय आचरण की आलोचना करते हुए ही किया गया। कांग्रेस के इस आचरण को हमारे क्रान्तिकारियों ने 'गांधी जी की सांठगांठ' से कांग्रेस द्वारा अपने विरुद्ध 'घोर आन्दोलन आरम्भ' करने की संज्ञा दी थी। पत्र की इस भाषा से स्पष्ट हो जाता है कि गांधीजी क्रान्तिकारियों से पूर्णतः असहमत रहते थे और उनकी देशभक्ति को देश के लिए पूर्णतया बकवास माना करते थे। जिसका क्रान्तिकारियों को भी बहुत अधिक दुःख रहता था। पत्र कुछ इस प्रकार था ––

क्रान्तिकारियों के विरुद्ध गांधीजी का 'घोर आंदोलन'

"हाल ही की घटनाएँ। विशेष रूप से 23 दिसम्बर, 1929 को वाइसराय की स्पेशल ट्रेन उड़ाने का जो प्रयत्न किया गया था, उसकी निन्दा करते हुए कांग्रेस द्वारा पारित किया गया प्रस्ताव तथा 'यंग इण्डिया' में गाँधी जी द्वारा लिखे गए लेखों से स्पष्ट हो जाता है कि भारतीय राष्ट्रीय कांग्रेस ने गाँधी जी से साँठ–गाँठ कर भारतीय क्रान्तिकारियों के विरुद्ध घोर आन्दोलन प्रारम्भ कर दिया है। जनता के बीच भाषणों तथा पत्रों के माध्यम से क्रांतिकारियों के विरुद्ध बराबर प्रचार किया जाता रहा है। या तो यह जानबूझकर किया गया या फिर केवल अज्ञान के कारण उनके विषय में गलत प्रचार होता रहा है और उन्हें गलत समझा जाता रहा। परन्तु क्रान्तिकारी अपने सिद्धान्तों तथा कार्यों की ऐसी आलोचना से नहीं घबराते हैं। बल्कि वे ऐसी आलोचना का स्वागत करते हैं, क्योंकि वे इसे इस बात का स्वर्णावसर मानते हैं कि ऐसा करने से उन्हें उन लोगों को क्रान्तिकारियों के मूलभूत सिद्धान्तों तथा उच्च आदर्शों को, जो उनकी प्रेरणा तथा शक्ति के अनवरत स्रोत हैं, समझाने का अवसर मिलता है। आशा की जाती है कि इस लेख द्वारा आम जनता को यह जानने का अवसर मिलेगा कि क्रान्तिकारी क्या हैं? उनके विरुद्ध किए गए भ्रमात्मक प्रचार से उत्पन्न होने वाली गलतफहमियों से उन्हें बचाया जा सकेगा।"

अहिंसा का गलत अर्थ किया गया

स्पष्ट हो जाता है कि हमारे क्रांतिकारी कॉन्ग्रेस और गांधी जी के द्व ारा अपने विरुद्ध चलाए जा रहे भ्रमात्मक प्रचार को लेकर बहुत अधिक दुखी रहते थे। कांग्रेस हमारे क्रांतिकारियों के बारे में उस समय जनता के बीच जाकर उसे यही समझाती थी कि ये लोग देश में आग लगाने वाले हैं और इनका उद्देश्य आजादी न लेकर लोगों को आतंकित करना है। कांग्रेस का इस प्रकार का नकारात्मक और भ्रमात्मक प्रचार हमारे क्रान्तिकारियों को बहुत चुभता था।

कांग्रेस हमारे क्रान्तिकारियों की हिंसा को लोगों के बीच बदनाम करती थी। जबकि अपनी अहिंसा को इस प्रकार प्रस्तुत करती थी जैसे कि उसी के माध्यम से देश आजाद होने जा रहा है। इस पर क्रांतिकारियों ने अपने इस पत्र के माध्यम से लोगों को स्पष्ट करने का प्रयास किया कि ––

"पहले हम हिंसा और अहिंसा के प्रश्न पर ही विचार करें। हमारे विचार से इन शब्दों का प्रयोग ही गलत किया गया है, और ऐसा करना ही दोनों दलों के साथ अन्याय करना है, क्योंकि इन शब्दों से दोनों ही दलों के सिद्धान्तों का स्पष्ट बोध नहीं हो पाता। हिंसा का अर्थ है कि अन्याय के लिए किया गया बल प्रयोग, परन्तु क्रांतिकारियों का तो यह उद्देश्य नहीं है, दूसरी ओर अहिंसा का जो आम अर्थ समझा जाता है वह है आत्मिक शक्ति का सिद्धान्त। उसका उपयोग व्यक्तिगत तथा राष्ट्रीय अधिकारों को प्राप्त करने के लिए किया जाता है। अपने आपको कष्ट देकर आशा की जाती है कि इस प्रकार अन्त में अपने विरोधी का हृदय–परिवर्तन सम्भव हो सकेगा।

एक क्रान्तिकारी जब कुछ बातों को अपना अधिकार मान लेता है तो वह उनकी माँग करता है, अपनी उस माँग के पक्ष में दलीलें देता है, समस्त आत्मिक शक्ति के द्वारा उन्हें प्राप्त करने की इच्छा करता है, उसकी प्राप्ति के लिए अत्यधिक कष्ट सहन करता है,इसके लिए वह बड़े से बड़ा त्याग करने के लिए प्रस्तुत रहता है और उसके समर्थन में वह अपना समस्त शारीरिक बल प्रयोग भी करता है। इसके इन प्रयत्नों को आप चाहे जिस नाम से पुकारें,परन्तु आप इन्हें हिंसा के नाम से सम्बोधित नहीं कर सकते,क्योंकि ऐसा करना कोष में दिए इस शब्द के अर्थ के साथ अन्याय होगा।"

क्रान्तिकारियों ने अपने पत्र के माध्यम से बहुत साफ किया कि उनकी हिंसा इसलिए हिंसा नहीं है , क्योंकि उसका उद्देश्य देश को आजाद कराना है। उनकी हिंसा का उद्देश्य लोगों को आतंकित करना नहीं है , बल्कि लोगों के लिए खुली हवा में खुली सांसें लेने का प्रबन्ध करना है। क्रान्तिकारियों ने यह भी स्पष्ट कर दिया है कि हम एक उद्देश्य लेकर चल रहे हैं और उस उद्देश्य की प्राप्ति के लिए विदेशी सत्ताधारियों से हमें जिस प्रकार भी निपटना होगा , उसी प्रकार निपटेंगे , परन्तु उसे अब किसी भी कीमत पर इस देश में शासक बनाए रखना पड़ पसन्द नहीं करेंगे। जहां तक गांधीजी के सत्याग्रह की बात थी तो इस पत्र के माध्यम से सत्याग्रह पर भी बहुत अच्छा प्रकाश डाला गया —

गांधीजी के सत्याग्रह का अर्थ

''सत्याग्रह का अर्थ है, सत्य के लिए आग्रह। उसकी स्वीकृति के लिए केवल आत्मिक शक्ति के प्रयोग का ही आग्रह क्यों? इसके साथ–साथ शारीरिक बल प्रयोग भी न किया जाए? क्रान्तिकारी स्वतन्त्रता प्राप्ति के लिए अपनी शारीरिक एवं नैतिक शक्ति दोनों के प्रयोग में विश्वास करता है , परन्तु नैतिक शक्ति का प्रयोग करने वाले शारीरिक बल प्रयोग को निषिद्ध मानते हैं। इसलिए अब यह सवाल नहीं है कि आप हिंसा चाहते हैं या अहिंसा,बल्कि प्रश्न तो यह है कि आप अपनी उद्देश्य प्राप्ति के लिए शारीरिक बल सहित नैतिक बल का प्रयोग करना चाहते हैं, या केवल आत्मिक शक्ति का?''

वास्तव में हमारे क्रान्तिकारियों का उद्देश्य इस नैतिकता पर आधारित था कि जो व्यक्ति राक्षस प्रवृत्ति से दानवीय अत्याचार करते हुए हमारी स्वतन्त्रता का अपहरण किए हुए है , उसके साथ उसी प्रकार की दुष्टतापूर्ण नीति का ही अनुकरण करना 'नीति' है। इसके अतिरिक्त उनकी मान्यता यह भी थी कि अपने किसी भी हिंसक आन्दोलन से जनसामान्य को किसी प्रकार का कष्ट नहीं होना चाहिए। वह बहुत सावधानी से केवल और केवल दुष्ट व्यक्ति को या सत्ताधारियों को ही दण्डित करना चाहते थे। युद्ध के बीच उनकी ईमानदारी और नैतिकता यही थी। यही उनकी अहिंसा की परिभाषा थी। इसी को वेद ने भी यह कहा है कि जब केवल दुष्ट के विनाश के लिए हिंसा की जाती हो तो वह हिंसा हिंसा होकर भी हिंसा नहीं होती। वास्तव में हमारे क्रांतिकारियों का यह दर्शन ही उनके 'बम का दर्शन' था। उनका मानना था कि जो बम चला रहे हैं उनके लिए हाथ में बम होना चाहिए और जो प्यार की भाषा मानते व समझते हैं उनके लिए हाथ में प्रेम के पुष्प होने चाहिए।

देश को आजादी केवल क्रान्ति से मिलेगी

पत्र में आगे लिखा था –

''क्रान्तिकारियो का विश्वास है कि देश को क्रान्ति से ही स्वतन्त्रता मिलेगी। वे जिस क्रान्ति के लिए प्रयत्नशील हैं और जिस क्रान्ति का रूप उनके सामने स्पष्ट है, उसका अर्थ केवल यह नहीं है कि विदेशी

शासकों तथा उनके पिट्ठुओं से क्रान्तिकारियों का केवल सशस्त्र संघर्ष हो, बल्कि इस सशस्त्र संघर्ष के साथ–साथ नवीन सामाजिक व्यवस्था के द्वार देश के लिए मुक्त हो जाएं। पूँजीवाद, वर्गवाद तथा कुछ लोगों को ही विशेषाधिकार दिलाने वाली प्रणाली का अन्त कर देगी। यह राष्ट्र को अपने पैरों पर खड़ा करेगी,उससे नवीन राष्ट्र और नये समाज का जन्म होगा। क्रान्ति से सबसे बड़ी बात तो यह होगी कि वह मजदूर व किसानों का राज्य कायम कर उन सब सामाजिक अवांछित तत्त्वों को समाप्त कर देगी जो देश की राजनीतिक शक्ति को हथियाए बैठे हैं।''

कांग्रेस ने जब आजादी ली तो उसने 'नई बोतल में पुरानी शराब' की कहावत को चरितार्थ करते हुए अपने प्रिय अंग्रेजों के संस्कारों के आधार पर ही शासन चलाने को प्राथमिकता दी। उसका कोई चिन्तन ऐसा नहीं था , जिससे वह व्यवस्था परिवर्तन की क्रान्तिकारी योजना बना पाती। जिस प्रकार शासन पूर्व से चल रहा था , उसी ढर्रे पर शासन चलाना उसने स्वीकार किया। इस प्रकार केवल ऊपर का आवरण मात्र बदला गया। भीतर से सारी की सारी व्यवस्था ज्यों की त्यों रही। इसी का परिणाम रहा कि देश को स्वतन्त्रता के अपेक्षित परिणाम नहीं मिले। इसके विपरीत हमारे क्रान्तिकारियों के पास क्रान्ति की एक पूरी योजना थी। इसके अतिरिक्त वह ब्रिटिश सत्ताधारियों के कारण समाज में आई जड़ता और शोषण की प्रवृत्ति को भी समाप्त करने की एक विशद योजना पर कार्य कर रहे थे। उन्होंने स्पष्ट किया कि हम स्वतन्त्रता के उपरान्त पूरी व्यवस्था को ही परिवर्तित करेंगे , जिससे समाज के हर व्यक्ति को स्वतन्त्रता का लाभ प्राप्त हो सके।'

क्रान्ति बिना आतंकवाद के पूर्ण में नहीं

पत्र में 'बम का दर्शन' स्पष्ट करते हुए आगे लिखा गया कि आतंकवाद पूर्ण क्रांति नहीं और क्रान्ति बिना आतंकवाद के पूर्ण नहीं। क्रान्तिकारियों की इस बात में सचमुच बहुत बल था। जब तक अत्याचार और अन्याय करने वाले व्यक्ति आतंकित नहीं होते और वह भागने के लिए विवश न हो जाएं तब तक क्रान्ति का कोई औचित्य नहीं। ऐसी क्रान्ति तभी सम्भव है जब क्रान्ति आतंकवाद का पर्याय बन जाए : ––

'आज की तरुण पीढ़ी को मानसिक गुलामी तथा धार्मिक रूढ़िवादी

बंधन जकड़े हैं और उससे छुटकारा पाने के लिए तरुण समाज की जो बैचेनी है, क्रान्तिकारी उसी में प्रगतिशीलता के अंकुर देख रहा है। नवयुवक जैसे–जैसे मनोविज्ञान आत्मसात् करता जाएगा, वैसे–वैसे राष्ट्र की गुलामी का चित्र उसके सामने स्पष्ट होता जाएगा तथा उसकी देश को स्वतन्त्र करने की इच्छा प्रबल होती जाएगी और उसका यह क्रम तब तक चलता रहेगा जब तक कि युवक न्याय, क्रोध और क्षोभ से ओतप्रोत हो अन्याय करनेवालों की हत्या न प्रारम्भ कर देगा। इस प्रकार देश में आतंकवाद का जन्म होता है। आतंकवाद सम्पूर्ण क्रान्ति नहीं और क्रान्ति भी आतंकवाद के बिना पूर्ण नहीं। यह तो क्रान्ति का एक आवश्यक अंग है। इस सिद्धान्त का समर्थन इतिहास की किसी भी क्रान्ति का विश्लेषण कर जाना जा सकता है। आतंकवाद आततायी के मन में भय पैदा कर पीड़ित जनता में प्रतिशोध की भावना जाग्रत कर उसे शक्ति प्रदान करता है। अस्थिर भावना वाले लोगों को इससे हिम्मत बँधती है तथा उनमें आत्मविश्वास पैदा होता है। इससे दुनिया के सामने क्रान्ति के उद्देश्य का वास्तविक रूप प्रकट हो जाता है क्योंकि यह किसी राष्ट्र की स्वतन्त्रता की उत्कट महत्त्वाकांक्षा का विश्वास दिलाने वाले प्रमाण है, जैसे दूसरे देशों में होता आया है, वैसे ही भारत में आतंकवाद क्रान्ति का रूप धारण कर लेगा और अन्त में क्रान्ति से ही देश को सामाजिक, राजनैतिक तथा आर्थिक स्वतन्त्रता मिलेगी।

तो यह हैं क्रान्तिकारी के सिद्धान्त, जिनमें वह विश्वास करता है और जिन्हें देश के लिए प्राप्त करना चाहता है। इस तथ्य की प्राप्ति के लिए वह गुप्त तथा खुलेआम दोनों ही तरीकों से प्रयत्न कर रहा है। इस प्रकार एक शताब्दी से संसार में जनता तथा शासक वर्ग में जो संघर्ष चला आ रहा है, वही अनुभव उसके लक्ष्य पर पहुंचने का मार्गदर्शक है। क्रान्तिकारी जिन तरीकों में विश्वास करता है, वे कभी असफल नहीं हुए।''

कांग्रेस की निन्दनीय कार्यशैली

इस बीच कांग्रेस क्या कर रही थी? उसने अपना ध्येय स्वराज्य से बदलकर पूर्ण स्वतन्त्रता घोषित किया। इस घोषणा से कोई भी व्यक्ति यही निष्कर्ष निकालेगा कि कांग्रेस ने ब्रिटिश शासन के विरुद्ध युद्ध की घोषणा न कर क्रान्तिकारियों के विरुद्ध युद्ध की घोषणा कर दी है।

इस सम्बन्ध में कांग्रेस का पहला वार था उसका वह प्रस्ताव जिसमें 23 दिसम्बर, 1929 को वाइसराय की स्पेशल ट्रेन उड़ाने के प्रयत्न की निन्दा की गई और प्रस्ताव का मसौदा गाँधी जी ने स्वयं तैयार किया था, उसे पारित करने के लिए गाँधी जी ने अपनी सारी शक्ति लगा दी। परिणाम यह हुआ कि 1913 की सदस्य संख्या में वह केवल 31 अधिक मतों से पारित हो सका। क्या इस अत्यल्प बहुमत में भी राजनीतिक ईमानदारी थी? इस सम्बन्ध में हम सरलादेवी चौधरानी का मत ही यहाँ उद्धृत करें। वे तो जीवन–भर कांग्रेस की भक्त रही हैं। इस सम्बन्ध में प्रश्न के उत्तर में उन्होंने कहा है– "मैंने महात्मा गाँधी के अनुयायियों के साथ इस विषय में जो बातचीत की, उससे मालूम हुआ कि वे इस सम्बन्ध में स्वतन्त्र विचार महात्माजी के प्रति व्यक्तिगत निष्ठा के कारण प्रकट न कर सके, तथा इस प्रस्ताव के विरुद्ध मत देने में असमर्थ रहे, जिसके प्रणेता महात्मा जी थे। जहाँ तक गाँधी जी की दलील का प्रश्न है, उस पर हम बाद में विचार करेंगे। उन्होंने जो दलीलें दी हैं वे कुछ कम या अधिक इस सम्बन्ध में कांग्रेस में दिए गए भाषण का ही विस्तृत रूप हैं।

इस दुखद प्रस्ताव के विषय में एक बात मार्के की है जिसे हम अनदेखा नहीं कर सकते, वह यह कि यह सर्वविदित है कि कांग्रेस अहिंसा का सिद्धान्त मानती है और पिछले दस वर्षों से वह इसके समर्थन में प्रचार करती रही है। यह सब होने पर भी प्रस्ताव के समर्थन में भाषणों में गाली–गलौज की गई। उन्होंने क्रान्तिकारियों को बुजदिल कहा और उनके कार्यों को घृणित। उनमें से एक वक्ता ने धमकी देते हुए यहाँ तक कह डाला कि यदि वे (सदस्य) गाँधी जी का नेतृत्व चाहते हैं तो उन्हें इस प्रस्ताव को सर्वसम्मति से पारित करना चाहिए। इतना सब कुछ किए जाने पर भी यह प्रस्ताव बहुत थोड़े मतों से ही पारित हो सका। इससे यह बात निशंक प्रमाणित हो जाती है कि देश की जनता पर्याप्त संख्या में क्रान्तिकारियों का समर्थन कर रही है। इस तरह से इसके लिए गाँधी जी हमारे बधाई के पात्र हैं कि उन्होंने इस प्रश्न पर विवाद खड़ा किया और इस प्रकार संसार को दिखा दिया कि कांग्रेस, जो अहिंसा का गढ़ माना जाता है, वह सम्पूर्ण नहीं तो एक हद तक तो कांग्रेस से अधिक क्रांतिकारियों के साथ हैं।"

इतिहास का भ्रम

वास्तव में यह बहुत ही दुखद तथ्य है कि कांग्रेस के लोग हमारे क्रान्तिकारियों को अपने भाषणों में गाली–गलौज तक किया करते थे। इसके उपरान्त भी वर्तमान प्रचलित इतिहास में कुछ इस प्रकार का भ्रम पैदा करने का प्रयास किया गया है कि जैसे कांग्रेस के लोग क्रान्तिकारियों के प्रति वैमनस्य का नहीं बल्कि प्रेम प्यार का भाव रखते थे। जबकि इस पत्र की भाषा से स्पष्ट है कि कांग्रेस का आचरण अपने क्रान्तिकारियों के प्रति बहुत ही निन्दनीय था। यही कारण था कि सरदार भगतसिंह और उनके साथियों को गांधीजी के उपरोक्त लेख पर बहुत अधिक आपत्ति हुई थी। इस आपत्ति को प्रकट करते हुए इस पत्र में आगे लिखा गया था –

''इस विषय में गाँधी जी ने जो विजय प्राप्त की वह एक प्रकार की हार ही के बराबर थी और अब वे 'दि कल्ट ऑफ दि बम' लेख द्वारा क्रान्तिकारियों पर दूसरा हमला कर बैठे हैं। इस लेख में उन्होंने तीन बातों का उल्लेख किया है। उनका विश्वास, उनके विचार और उनका मत। हम उनके विश्वास के सम्बन्ध में विश्लेषण नहीं करेंगे, क्योंकि विश्वास में तर्क के लिए स्थान नहीं है। गाँधी जी जिसे हिंसा कहते हैं और जिसके विरुद्ध उन्होंने जो तर्कसंगत विचार प्रकट किए हैं, हम उनका सिलसिलेवार विश्लेषण करें।

गाँधी जी सोचते हैं कि उनकी यह धारणा सही है कि अधिकतर भारतीय जनता को हिंसा की भावना छू तक नहीं गई है और अहिंसा उनका राजनीतिक शस्त्र बन गया है। हाल ही में उन्होंने देश का जो भ्रमण किया है , उस अनुभव के आधार पर उनकी यह धारणा बनी है, परन्तु उन्हें अपनी इस यात्रा के इस अनुभव से इस भ्रम में नहीं पड़ना चाहिए। यह बात सही है कि (कांग्रेस) नेता अपने दौरे वहीं तक सीमित रखता है जहाँ तक डाकगाड़ी उसे आराम से पहुँचा सकती है, जबकि गाँधीजी ने अपनी यात्रा का दायरा वहाँ तक बढ़ा दिया है जहाँ तक मोटरकार द्वारा वे जा सकें। इस यात्रा में वे धनी व्यक्तियों के ही निवास स्थानों पर रुके। इस यात्रा का अधिकतर समय उनके भक्तों द्व ारा आयोजित गोष्ठियों में की गयी उनकी प्रशंसा, सभाओं में यदा–कदा

अशिक्षित जनता को दिए जाने वाले दर्शनों में बीता, जिसके विषय में उनका दावा है कि वे उन्हें अच्छी तरह समझते हैं, परंतु यही बात इस दलील के विरुद्ध है कि वे आम जनता की विचारधारा को जानते हैं।''

गांधीजी 'जननायक' नहीं थे

गांधीजी के विषय में यह एक कटु सत्य है कि वह बाहर से अर्थात अफ्रीका से आए और देश की राजनीति में उन्हें अंग्रेजों ने जानबूझकर स्थापित किया। गांधीजी राजनीति के लायक नहीं थे , परन्तु इसके उपरान्त भी अंग्रेजों ने उन्हें अपने सहयोग व उचित समय पर समर्थन के लिए भारत की राजनीति में अपना एक 'मोहरा' बनाकर प्रस्तुत किया। गांधीजी इस पर सहमत हो गए। गांधीजी के बारे में यह भी सच है कि वह कभी की जनता के बीच जाकर 'जननायक' के रूप में स्थापित नहीं हो पाए।

कहने का अभिप्राय है कि उन्होंने देश की जनता की परेशानियों, दुख – दर्द ,कष्ट आदि को समझने का कभी प्रयास नहीं किया।यद्यपि प्रचलित इतिहास में उन्हें कुछ इस प्रकार दिखाया जाता है कि जैसे वह एक 'जननायक' थे और देश के जनसाधारण की समस्याओं से पूर्णतया परिचित थे। हम भी किसी सीमा तक यह मान लेते हैं कि उन्होंने कांग्रेस के आन्दोलनों को जनान्दोलन के रूप में स्थापित करने में सफलता प्राप्त की थी, परन्तु इस सबके उपरान्त भी यह अर्धसत्य ही है। पूर्ण सत्य यही है कि वह कांग्रेस के ही नेता थे। गांधीजी और देश के नायक हो और भी जननायक नहीं थे।

''कोई व्यक्ति जनसाधारण की विचारधारा को केवल मंचों से दर्शन और उपदेश देकर नहीं समझ सकता। वह तो केवल इतना ही दावा कर सकता है कि उसने विभिन्न विषयों पर अपने विचार जनता के सामने रखे। क्या गाँधी जी ने इन वर्षों में आम जनता के सामाजिक जीवन में कभी प्रवेश करने का प्रयत्न किया? क्या कभी उन्होंने किसी सन्ध्या को गाँव की किसी चौपाल के अलाव के पास बैठकर किसी किसान के विचार जानने का प्रयत्न किया? क्या किसी कारखाने के मजदूर के साथ एक भी शाम गुजारकर उसके विचार समझने की कोशिश की है? पर हमने यह किया है इसलिए हम दावा करते हैं कि हम आम

जनता को जानते हैं। हम गाँधी जी को विश्वास दिलाते हैं कि साधारण भारतीय साधारण मानव के सामने ही अहिंसा तथा अपने शत्रु से प्रेम करने की आध्यात्मिक भावना को बहुत कम समझता है। हम यह बात स्वयं के अनुभव के आधार पर कह रहे हैं। वह दिन दूर नहीं जब लोग क्रान्तिकारी विचारधारा को सक्रिय रूप देने के लिए हजारों की संख्या में जमा होंगे।''

गांधी एक भी शत्रु का ह्रदय परिवर्तन करने में सफल नहीं हुए

गांधीजी अहिंसा के माध्यम से अपने शत्रुओं और विरोधियों का ह्रदय परिवर्तन करने की बात अक्सर कहा करते थे। इस पर भी हमारे क्रान्तिकारियों का उनसे गहरा मतभेद था। अपने इस पत्र में सरदार भगत सिंह ने गांधी जी से स्पष्ट पूछा कि वह क्या कोई एक भी ऐसा उदाहरण बता सकते हैं कि जिससे उनके सत्य, अहिंसा और प्रेम के मानवीय विचारों से उनके किसी एक विरोधी का भी ह्रदय परिवर्तन हो गया हो?

''गाँधी जी घोषणा करते हैं कि अहिंसा के सामर्थ्य तथा अपने आप को पीड़ा देने की प्रणाली से उन्हें यह आशा है कि वे एक दिन विदेशी शासकों का ह्रदय परिवर्तन कर अपनी विचारधारा का उन्हें अनुयायी बना लेंगे। अब उन्होंने अपने सामाजिक जीवन के इस चमत्कार के प्रेम संहिता के प्रचार के लिए अपने आप को समर्पित कर दिया है। वे अडिग विश्वास के साथ उसका प्रचार कर रहे हैं, जैसा कि उनके कुछ अनुयायियों ने भी किया है। परन्तु क्या वे बता सकते हैं कि भारत में कितने शत्रुओं का ह्रदय–परिवर्तन कर वे उन्हें भारत का मित्र बनाने मे समर्थ हुए हैं? वे कितने ओडायरों, डायरों तथा रीडिंग और इरविन को भारत का मित्रा बना सके हैं? यदि किसी को भी नहीं तो भारत उनकी विचारधारा से कैसे सहमत हो सकता है कि वे इग्लैंड को अहिंसा द्वारा समझा–बुझाकर इस बात को स्वीकार करने के लिए तैयार करा लेंगे कि वहभारत को स्वतन्त्रता दे दे?

यदि वाइसराय की गाड़ी के नीचे बमों का ठीक से विस्फोट हुआ होता तो दो में से एक बात अवश्य हुई होती, या तो वाइसराय अत्यधिक

घायल हो जाते या उनकी मृत्यु हो गयी होती। ऐसी स्थिति में वाइसराय तथा राजनीतिक दलों के नेताओं के बीच मन्त्रणा न हो पाती, यह प्रयत्न रुक जाता उससे राष्ट्र का भला ही होता। यदि बमों का ठीक से विस्फोट हुआ होता तो भारत का एक शत्रु उचित सजा पा जाता। मेरठ तथा लाहौर–षड्यन्त्र और भुसावल काण्ड का मुकदमा चलानेवाले केवल भारत के शत्रुओं को ही मित्र प्रतीत हो सकते हैं। 'साइमन कमीशन' के सामूहिक विरोध से देश में जो एकजुटता स्थापित हो गई थी,गाँधी तथा नेहरू की राजनीतिक बुद्धिमत्ता के बाद ही इरविन उसे छिन्न–भिन्न करने में समर्थ हो सका। आज कांग्रेस में भी आपस में फूट पड़ गई है। हमारे इस दुर्भाग्य के लिए वाइसराय या उसके चाटुकारों के सिवा कौन जिम्मेदार हो सकता है? इस पर भी हमारे देश में ऐसे लोग हैं जो उसे भारत का मित्र कहते हैं।''

कांग्रेस को अहिंसा की सनक छोड़नी होगी

'देश में ऐसे भी लोग होंगे जिन्हें कांग्रेस के प्रति श्रद्धा नहीं, इससे वे कुछ आशा भी नहीं करते। यदि गाँधी जी क्रान्तिकारियों को उस श्रेणी में गिनते हैं तो वे उनके साथ अन्याय करते हैं। वे इस बात को अच्छी तरह जानते हैं कि कांग्रेस ने जन जागृति का महत्वपूर्ण कार्य किया है। – – – जब तक कांग्रेस में सेन गुप्ता जैसे 'अद्‌भुत' प्रतिभाशाली व्यक्तियों का, जो वायसराय की ट्रेन उड़ाने में गुप्तचर विभाग का हाथ होने की बात करते हैं तथा अन्सारी जैसे लोग, जो राजनीति कम जानते और उचित तर्क की उपेक्षा कर बेतुकी और तर्कहीन दलील देकर यह कहते हैं कि किसी राष्ट्र ने बम से स्वतन्त्रता प्राप्त नहीं की – जब तक कांग्रेस के निर्णयों में इनके जैसे विचारों का प्राधान्य रहेगा,तब तक देश उससे बहुत कम आशा कर सकता है। क्रान्तिकारी तो उस दिन की प्रतीक्षा में हैं जब कांग्रेसी आन्दोलन से अहिंसा की यह सनक समाप्त हो जाएगी और वह क्रान्तिकारियों के कन्धे से कन्धा मिलाकर पूर्ण स्वतन्त्रता के सामूहिक लक्ष्य की ओर बढ़ेगी। इस वर्ष कांग्रेस ने इस सिद्धान्त को स्वीकार कर लिया है, जिसका प्रतिपादन क्रान्तिकारी पिछले 25 वर्षों से करते चले आ रहे हैं। हम आशा करें कि अगले वर्ष वह स्वतन्त्रता प्राप्ति के तरीकों का भी समर्थन करेगी।

सरकार ने दी थी गांधी जी को घूस

गाँधी जी यह प्रतिपादित करते हैं कि जब–जब हिंसा का प्रयोग हुआ है तब–तब सैनिक खर्च बढ़ा है। यदि उनका मन्तव्य क्रान्तिकारियों की पिछली 25 वर्षों की गतिविधियों से है तो हम उनके वक्तव्यों को चुनौती देते हैं कि वे अपने इस कथन को तथ्य और आँकड़ों से सिद्ध करें। बल्कि हम तो यह कहेंगे कि उनके अहिंसा और सत्याग्रह के प्रयोगों का परिण ाम, जिनकी तुलना स्वतन्त्रता संग्राम से नहीं की जा सकती, नौकरशाही अर्थव्यवस्था पर हुआ है। हमें समझ नहीं आता कि देश में सरकार ने जो विभिन्न वैधानिक सुधार किए, गाँधी जी उनमें हमें क्यों उलझाते हैं? उन्होंने मार्लेमिण्टो रिफार्म, माण्टेग्यू रिफार्म या ऐसे ही अन्य सुधारों की न तो कभी परवाह की और न ही उनके लिए आन्दोलन किया। ब्रिटिश सरकार ने तो यह टुकड़े वैधानिक आन्दोलनकारियों के सामने फेंके थे, जिससे उन्हें उचित मार्ग पर चलने से पथ भ्रष्ट किया जा सके। ब्रिटिश सरकार ने उन्हें तो यह घूस दी थी, जिससे वे क्रान्तिकारियों को समूल नष्ट करने की उनकी नीति के साथ सहयोग करें। गाँधी जी जैसा कि इन्हें सम्बोधित करते हैं, कि भारत के लिए वे खिलौने–जैसे हैं, उन लोगों को बहलाने–फुसलाने के लिए जो समय–समय पर होम रूल, स्वशासन, जिम्मेदार सरकार, पूर्ण जिम्मेदार सरकार, औपनिवेशिक स्वराज्य जैसे अनेक वैधानिक नाम जो गुलामी के हैं, माँग करते हैं। क्रान्तिकारियों का लक्ष्य तो शासन–सुधार का नहीं है, वे तो स्वतन्त्रता का स्तर कभी का ऊँचा कर चुके हैं और वे उसी लक्ष्य की प्राप्ति के लिए बिना किसी हिचकिचाहट के बलिदान कर रहे हैं। उनका दावा है कि उनके बलिदानों ने जनता की विचारधारा में प्रचण्ड परिवर्तन किया है। उसके प्रयत्नों से वे देश को स्वतन्त्रता के मार्ग पर बहुत आगे बढ़ा ले गए हैं और यह बात उनसे राजनीतिक क्षेत्र में मतभेद रखने वाले लोग भी स्वीकार करते हैं।

गांधीजी हुए पूर्णतया असफल

गाँधी जी का कथन है कि हिंसा से प्रगति का मार्ग अवरुद्ध होकर स्वतन्त्रता पाने का दिन स्थगित हो जाता है, तो हम इस विषय में अनेक ऐसे उदाहरण दे सकते हैं, जिनमें जिन देशों ने हिंसा से काम लिया

उनकी सामाजिक प्रगति होकर उन्हें राजनीतिक स्वतन्त्रता प्राप्त हुई। हम रूस तथा तुर्की का ही उदाहरण लें। दोनों ने हिंसा के उपायों से ही सशस्त्र क्रान्ति द्वारा सत्ता प्राप्त की। उसके बाद भी सामाजिक सुधारों के कारण वहाँ की जनता ने बड़ी तीव्र गति से प्रगति की। एकमात्र अफगानिस्तान के उदाहरण से राजनीतिक सूत्र सिद्ध नहीं किया जा सकता। यह तो अपवाद मात्र है।

गाँधी जी के विचार में 'असहयोग आन्दोलन के समय जो जन जागृति हुई है, वह अहिंसा के उपदेश का ही परिणाम था। परन्तु यह धारणा गलत है और यह श्रेय अहिंसा को देना भी भूल है, क्योंकि जहाँ भी अत्यधिक जन जागृति हुई वह सीधे मोर्चे की कार्रवाई से हुई। उदाहरणार्थ, रूस में शक्तिशाली जन आन्दोलन से ही वहाँ किसान और मजदूरों में जागृति उत्पन्न हुई। उन्हें तो किसी ने अहिंसा का उपदेश नहीं दिया था, बल्कि हम तो यहाँ तक कहेंगे कि अहिंसा तथा गाँधी जी की समझौता–नीति से ही उन शक्तियों में फूट पड़ गयी जो सामूहिक मोर्चे के नारे से एक हो गई थीं। यह प्रतिपादित किया जाता है कि राजनीतिक अन्यायों का मुकाबला अहिंसा के शस्त्र से किया जा सकता है, पर इस विषय में संक्षेप में यही कहा जा सकता है कि यह अनोखा विचार है,जिसका अभी प्रयोग नहीं हुआ है।

दक्षिण अफ्रीका में भारतीयों के जो न्यायोचित अधिकार माँगे जाते थे, उन्हें प्राप्त करने में अहिंसा का शस्त्र असफल रहा। वह भारत को स्वराज्य दिलाने में भी असफल रहा, जबकि राष्ट्रीय कांग्रेस स्वयंसेवकों की एक बड़ी सेना उसके लिए प्रयत्न करती रही तथा उस पर लगभग सवा करोड़ रुपया भी खर्च किया गया। हाल ही में 'बारदोली सत्याग्रह' में इसकी असफलता सिद्ध हो चुकी है। इस अवसर पर सत्याग्रह के नेता गाँधी और पटेल ने बारदोली के किसानों को जो कम–से–कम अधिकार दिलाने का आश्वासन दिया था, उसे भी वे न दिला सके। इसके अतिरिक्त अन्य किसी देशव्यापी आन्दोलन की बात हमें मालूम नहीं। अब तक इस अहिंसा को एक ही आशीर्वाद मिला वह था असफलता का। ऐसी स्थिति में यह आश्चर्य नहीं कि देश ने फिर उसके प्रयोग से इन्कार कर दिया। इसलिए जितनी जल्दी हम समझ लें कि स्वतन्त्रता और गुलामी में कोई

समझौता नहीं हो सकता, उतना ही अच्छा है।

कांग्रेस का पूर्ण स्वाधीनता का संकल्प भी एक बालहठ ही था

गाँधी जी सोचते हैं हम नये युग में प्रवेश कर रहे हैं। पर कांग्रेस विधान में शब्दों का हेर– फेर मात्र कर, अर्थात् स्वराज्य को पूर्ण स्वतन्त्रता कह देने से नया युग प्रारम्भ नहीं हो जाता। वह दिन वास्तव में एक महान दिवस होगा जब कांग्रेस देशव्यापी आन्दोलन प्रारम्भ करने का निर्णय करेगी, जिसका आधार सर्वमान्य क्रान्तिकारी सिद्धान्त होंगे। ऐसे समय तक स्वतन्त्रता का ध्वज फहराना हास्यास्पद होगा। इस विषय में हम सरलादेवी चौधरानी के उन विचारों से सहमत हैं जो उन्होंने एक पत्र–संवाददाता को भेंट में व्यक्त किए। उन्होंने कहा– 31 दिसम्बर, 1929 की अर्धरात्रि के ठीक एक मिनट बाद स्वतन्त्रता का झण्डा फहराना एक विचित्र घटना है। उस समय जी. ओ. सी., असिस्टेंट जी. ओ. सी. तथा अन्य लोग इस बात को अच्छी तरह जानते थे कि स्वतन्त्रता का झण्डा फहराने का निर्णय आधी रात तक अधर में लटका है, क्योंकि यदि वाइसराय या सैक्रेटरी ऑफ स्टेट का कांग्रेस को यह सन्देश आ जाता है कि भारत को 'औपनिवेशिक स्वराज्य' दे दिया गया है, तो रात्रि को 11 बजकर 59 मिनट पर भी स्थिति में परिवर्तन हो सकता था। इससे स्पष्ट है कि पूर्ण स्वतन्त्रता प्राप्ति का ध्येय नेताओं की हार्दिक इच्छा नहीं थी, बल्कि एक 'बालहठ' के समान था। भारतीय राष्ट्रीय कांग्रेस के लिए उचित तो यही होता कि वह पहले स्वतन्त्रता प्राप्त कर फिर उसकी घोषणा करती। यह सच है कि अब 'औपनिवेशिक स्वराज्य३ के बजाय कांग्रेस के वक्ता जनता के सामने पूर्ण स्वतन्त्रता का ढोल पीटेंगे। वे अब जनता से कहेंगे कि जनता को संघर्ष के लिए तैयार हो जाना चाहिए , जिसमें एक पक्ष तो मुक्केबाजी करेगा और दूसरा उन्हें केवल सहता रहेगा, जब तक कि वह खूब पिटकर इतना हताश न हो जाए कि फिर न उठ सके? क्या उसे संघर्ष कहा जा सकता है और क्या इससे देश को स्वतन्त्रता मिल सकती है? किसी भी राष्ट्र के लिए सर्वोच्च लक्ष्य प्राप्ति का ध्येय सामने रखना अच्छा है, परन्तु साथ में यह भी आवश्यक है इस लक्ष्य तक पहुंचने के लिए उन साधनों का उपयोग किया जाए

जो योग्य हों और जो पहले उपयोग में आ चुके हों,अन्यथा संसार के सम्मुख हमारे हास्यासपद बनने का भय बना रहेगा।

गाँधीजी ने सभी विचारशील लोगों से कहा कि वे लोग क्रान्तिकारियों से सहयोग करना बन्द कर दें तथा उनके कार्यों की निन्दा करें, जिससे हमारे इस प्रकार उपेक्षित देशभक्तों की हिंसात्मक कार्यों से जो हानि हुई, उसे समझ सकें। गाँधी जी ने जीवनभर जनजीवन का अनुभव किया है, पर वह बडे दुःख की बात है कि वे भी क्रान्तिकारियों का मनोविज्ञान न तो समझते हैं और न समझना ही चाहते हैं। वह सिद्धान्त अमूल्य है, जो प्रत्येक क्रान्तिकारी को प्रिय है। जो व्यक्ति क्रान्तिकारी बनता है, जब वह अपना सिर हथेली पर रखकर किसी क्षण भी आत्मबलिदान के लिए तैयार रहता है तो वह केवल खेल के लिए नहीं। वह यह त्याग और बलिदान इसलिए भी नहीं करता कि जब जनता उसके साथ सहानुभूति दिखाने की स्थिति में हो तो उसकी जयजयकार करे। वह इस मार्ग का इसलिए अवलम्बन करता है कि उसका सद्विवेक उसे इसकी प्रेरणा देता है,उसकी आत्मा उसे इसके लिए प्रेरित करती है।

एक क्रान्तिकारी सबसे अधिक तर्क में विश्वास करता है। वह केवल तर्क और तर्क ही विश्वास करता है। किसी प्रकार का गाली–गलौच या निन्दा, चाहे फिर वह ऊँचे–से–ऊँचे स्तर से की गई हो,उसे वह अपनी निश्चित उद्देश्य प्राप्ति से वंचित नहीं कर सकती। यह सोचना कि यदि जनता का सहयोग न मिला या उसके कार्य की प्रशंसा न की गई तो वह अपने उद्देश्य को छोड़ देगा, निरी मूर्खता है। अनेक क्रान्तिकारी, जिनके कार्यों की वैधानिक आन्दोलनकारियों ने घोर निन्दा की, फिर भी वे उसकी परवाह न करते हुए फाँसी के तख्ते पर झूल गए। यदि तुम चाहते हो कि क्रान्तिकारी अपनी गतिविधियों को स्थगित कर दें तो उसके लिए होना तो यह चाहिए कि उनके साथ तर्क द्वारा अपना मत प्रमाणित किया जाए। यह एक और केवल यही एक रास्ता है, और बाकी बातों के विषय में किसी को सन्देह नहीं होना चाहिए। क्रांतिकारी इस प्रकार की डराने–धमकाने से कदापि हार मानने वाला नहीं।

देशवासियों से की थी अपील

हम प्रत्येक देशभक्त से निवेदन करते हैं कि वह हमारे साथ

गम्भीरतापूर्वक इस युद्ध में शामिल हो। कोई भी व्यक्ति अहिंसा और ऐसे ही अजीबोगरीब तरीकों से मनोवैज्ञानिक प्रयोग कर राष्ट्र की स्वतन्त्रता के साथ खिलवाड़ न करे। स्वतन्त्रता राष्ट्र का प्राण है। हमारी गुलामी हमारे लिए लज्जास्पद है, न जाने कब हममें यह बुद्धि और साहस होगा कि हम उससे मुक्ति प्राप्ति कर स्वतन्त्र हो सकें? हमारी प्राचीन सभ्यता और गौरव की विरासत का क्या लाभ, यदि हममें यह स्वाभिमान न रहे कि हम विदेशी गुलामी, विदेशी झण्डे और बादशाह के सामने सिर झुकाने से अपने आप को न रोक सकें।

क्या यह अपराध नहीं है कि ब्रिटेन ने भारत में अनैतिक शासन किया? हमें भिखारी बनाया, हमारा समस्त खून चूस लिया? एक जाति और मानवता के नाते हमारा घोर अपमान तथा शोषण किया गया है। क्या जनता अब भी चाहती है कि इस अपमान को भुलाकर हम ब्रिटिश शासकों को क्षमा कर दें। हम बदला लेंगे, जो जनता द्वारा शासकों से लिया गया न्यायोचित बदला होगा। कायरों को पीठ दिखाकर समझौता और शान्ति की आशा से चिपके रहने दीजिए। हम किसी से भी दया की भिक्षा नहीं माँगते हैं और हम भी किसी को क्षमा नहीं करेंगे। हमारा युद्ध विजय या मृत्यु के निर्णय तक चलता ही रहेगा। क्रांति चिरंजीवी हो।''

करतारसिंह

प्रेजीडेण्ट

इस प्रकार इस पत्र में हमारे क्रान्तिकारियों ने गांधी जी और उनकी समर्थक मण्डली को सीधे शब्दों में कायर कहा था। जितने प्रश्न इस पत्र में उठाए गए उनका एक का भी जवाब कांग्रेस की ओर से नहीं दिया गया। गांधीजी को अंग्रेज घूस देकर अपने समर्थक के रूप में दक्षिण अफ्रीका से भारत लाए थे , इसलिए उनसे यह अपेक्षा नहीं की जा सकती थी कि वह सरदार भगत सिंह और उनके साथियों की फांसी को रुकवाते। आज इस पत्र के आलोक में गांधीजी को समझने की आवश्यकता है। देखते हैं इतिहास 'गांधीवाद' से कब मुक्त होता है?

9.

नेहरु व सुभाष के बीच फूट डाल दी थी गांधी ने

राजनीति में प्रत्येक व्यक्ति की यह आवश्यकता होती है कि वह अपने प्रतिद्वंद्वी को परास्त करने के लिए ऐसी तिकड़में चले जिससे वह व्यक्ति प्रतियोगिता में आगे न निकल सके , परंतु किसी 'महात्मा' के यहाँ ऐसी किसी तिकड़म को या षड़यंत्र को स्थान नहीं दिया जाता। वह तो बड़े सहज भाव से अपने साथियों की सहायता करता है और उन्हें आगे बढ़ने का आशीर्वाद भी देता है। यदि इस कसौटी पर महात्मा गांधी को कसकर देखा जाए तो वह निरे राजनीतिज्ञ ही दिखाई देते हैं। राजनीति की वे सारी कमजोरियां उनके भीतर थीं जो एक राजनीतिज्ञ में मिलनी स्वाभाविक होती हैं। अतः उन्हें राजनीति में महात्मा मानना बड़ा ही अतार्किक लगता है।

बात 1928 की है। जब देश की जनता पूर्ण स्वाधीनता के लिए अंगड़ाई ले रही थी , पर पूर्ण स्वाधीनता के संकल्प को कांग्रेस का संकल्प बनाने में गांधीजी और उनके जैसे अन्य नरमपन्थी लोग रोड़े अटका रहे थे। वह नहीं चाहते थे कि देश पूर्ण स्वाधीनता का संकल्प पारित करे। उन परिस्थितियों के बारे में इन्द्र विद्यावाचस्पति लिखते हैं – " 1928 के अन्त में देश भर में जोश का तूफान सा उमड़ रहा था। लोग न केवल अंग्रेजी सरकार से असन्तुष्ट थे ,अपितु अपने उन नेताओं से भी असन्तुष्ट होते जा रहे थे जो उन्हें धीरे–धीरे चलने को कहते थे। इस मानसिक दशा का पहला परिणाम यह हुआ कि राजनीति के चित्रपट से मॉडरेट या लिबरल दल (अर्थात गांधी जी की कॉन्ग्रेस) का निशान लगभग मिट गया। दूसरा परिणाम यह हुआ कि कांग्रेस के अन्दर एक ऐसा दल प्रकट हो गया जो औपनिवेशिक स्वराज्य को अपना लक्ष्य मानने

को तैयार नहीं था। (वस्तुतः यह स्थिति गांधीजी की नीतियों के विरुद्ध सीधे विद्रोही भावना को प्रकट करती है) महात्मा गांधी ,पण्डित मोतीलाल नेहरू तथा अन्य बुजुर्ग नेता 'औपनिवेशिक स्वराज्य' से संतुष्ट होने को उद्यत थे। परन्तु नवयुवक दल चाहता था कि कांग्रेस का उद्देश्य भारत के लिए पूर्ण स्वाधीनता प्राप्त करना माना जाए। इस दल के नेता पंडित जवाहरलाल नेहरू तथा श्रीयुत सुभाष चन्द्र बोस थे। "

उपरोक्त उद्धरण से यह बात स्पष्ट हो जाती है कि गांधीजी किसी भी स्थिति में भारत को पूर्ण स्वाधीनता दिलवाने के पक्षधर नहीं थे। वह 'औपनिवेशिक स्वराज्य' जैसे एक ऐसे विचार के फेर में पड़े हुए थे जो भारत को अंग्रेजों का गुलाम बनाए रखने का समर्थक था। अतः यह कहना उचित नहीं है कि महात्मा गांधी प्रारंभ से ही इस विचारधारा के थे कि अंग्रेजों को भारत से बाहर निकाला जाए और भारत को पूर्ण स्वाधीनता प्राप्त कर अपना मार्ग अपने आप निर्धारित करना चाहिए।

कांग्रेस का कोलकाता अधिवेशन

इसी समय कांग्रेस ने अपना अधिवेशन कलकत्ता में रखा। कलकत्ता या पण्डित मोतीलाल नेहरू को कांग्रेस का सभापति नियुक्त किया गया था। सुभाष चन्द्र बोस ने अपने नेता का स्वागत 16 घोड़ों की गाड़ी में बैठाकर एक गौरवमयी जुलूस निकालकर किया। ऐसी भव्यता को देखकर राजा – महाराजाओं का गर्व भी ढीला हो गया था। इस अधिवेशन के माध्यम से नेताजी सुभाष चन्द्र बोस ब्रिटिश सरकार को एक विशेष संदेश देना चाहते थे। उनकी सोच थी कि अब देश को और विशेषकर कांग्रेस को पूर्ण स्वाधीनता का संकल्प प्रस्ताव पारित करना चाहिए। जिससे ब्रिटिश उपनिवेशवादी व्यवस्था भारत से समाप्त हो और भारत भविष्य के लिए अपना मार्ग स्वयं प्रशस्त कर सके।

सुभाष की एक ही इच्छा थी कि पूर्ण स्वाधीनता प्राप्ति का प्रस्ताव कांग्रेस कोलकाता की भूमि से ही पारित करे। गांधीजी नेताजी सुभाषचन्द्र बोस के कांग्रेस में बढ़ते कद को देखकर अपने आप को दुखी अनुभव करते थे। वह नहीं चाहते थे कि कॉन्ग्रेस नेताजी सुभाषचन्द्र बोस और जवाहरलाल नेहरू जैसे युवाओं के कहने में आकर पूर्ण स्वाधीनता प्राप्ति का संकल्प प्रस्ताव पारित करे। अपनी इसी सोच के चलते गांधीजी इस

समय कांग्रेस से दूरी बना कर बैठे थे। उन्हें कांग्रेस के भीतर अपने विचारों से हटकर किसी परिवर्तन को स्वीकार करना तनिक भी स्वीकार नहीं था। पण्डित मोतीलाल नेहरु ने उन्हें एक 'भक्त की पुकार ' जैसे शब्दों में बुलाया तो 'कांग्रेस का भगवान' गांधी सम्मेलन में प्रकट हो गया।

आज कांग्रेस व्यक्ति पूजा का विरोध करती है और अपने चरित्र को इस प्रकार दिखाने का प्रयास करती है कि उसके यहाँ पर व्यक्ति पूजा का विचार कभी हावी नहीं रहा। इसके विपरीत कांग्रेस में सदा ही लोकतांत्रिक प्रक्रिया के अन्तर्गत निर्णय लिए जाते रहे हैं। जबकि कांग्रेसी मंच पर गांधी जी के आते ही कांग्रेस का लोकतांत्रिक स्वरूप पूर्णतया नष्ट हो गया था। वैसे यदि हम कांग्रेस के जन्म के समय की परिस्थितियों पर भी विचार करें तो ए0ओ0 ह्यूम ने भी कांग्रेस के बारे में कभी यह कल्पना नहीं की थी कि यह संस्था लोकतांत्रिक ढंग से अर्थात भारतीयता के हितों को प्राथमिकता देते हुए आगे बढ़ेगी।

वास्तव में गांधी जी यहीं से सुभाषचन्द्र बोस के कट्टर विरोधी हो गए थे। वह नहीं चाहते थे कि सुभाष चन्द्र बोस के नेतृत्व में देश आगे बढ़े और सुभाष देश के लोगों की पूर्ण स्वाधीनता की भावना के प्रतीक बनें। गांधीजी राजनीति के एक चतुर खिलाड़ी थे और कब अपने विचारों को हावी और प्रभावी दिखाने के लिए कौन सी चाल चलना उचित रहेगा? – इसे वह एक चतुर राजनीतिक खिलाड़ी की भांति भली प्रकार जानते थे। यही कारण था कि उन्होंने समय की और परिस्थितियों की आहट और तकाजे को पहचानते हुए यह निर्णय ले लिया कि नेहरू और सुभाष के बीच फूट डाली जाए , जब तक यह दोनों एक साथ रहेंगे तब तक उनकी अपनी 'गोटी' अपने सही स्थान पर फिट नहीं बैठ सकती थी।

सुभाष व नेहरु को किया अलग–अलग

अपनी इसी सोच और योजना को सिरे चढ़ाने के दृष्टिकोण से गांधीजी ने नेहरू और सुभाष के बीच फूट डालने की रणनीति पर कार्य करना आरम्भ किया और इसी अधिवेशन में पण्डित जवाहरलाल नेहरू को अपने पक्ष में कर लिया। कांग्रेस के कोलकाता अधिवेशन के पश्चात कभी नेहरू ने फिर सुभाष चंद्र बोस की ओर मुड़ कर नहीं देखा। यह

सब गांधी जी के 'राजनीतिक मस्तिष्क' का ही खेल था कि भारत को पूर्ण स्वाधीनता दिलवाने का संकल्प लेकर आगे बढ़ने वाले नेहरू और सुभाष नाम के ये दोनों युवा इसके पश्चात कभी एक साथ नहीं बैठ सके। दोनों की न केवल राहें अलग हुईं, बल्कि दोनों के राजनीतिक दर्शन में भी परिवर्तन आ गया। इसके बाद नेहरू गांधी के निकट होते चले गए और सुभाष को धीरे–धीरे मुख्य भूमिका से दूर फेंकने की योजना पर दोनों मिलकर कार्य करने लगे।

यद्यपि कांग्रेस के अधिवेशन में उपस्थित लोगों में सुभाष बाबू के समर्थकों की संख्या का बहुमत था। पर गांधी जी की हठ के सामने सबकी भावनाओं पर तुषारापात हो गया। इस प्रकार गांधीजी की हठ की एक बार फिर से जीत हो गई। गांधीजी इस विषय में सौभाग्यशाली थे कि सबका विरोध होने पर भी अन्तिम विजय उनकी हठ की होती थी।

तब देश का इतिहास ही कुछ और होता

नियति कितनी क्रूरता से देश को विभाजन की ओर ले जा रही थी? महात्मा गांधी ने सुभाष बाबू को अलग–थलग करके परास्त कर दिया। उस समय उन्हें पता नहीं था कि तूने भारत के भाग्य के साथ और उसके भविष्य के साथ कितना 'क्रूर उपहास' कर डाला है?

'सत्ता षड़यंत्रों' और 'क्रूर उपहास' करने की प्रवृत्ति में सम्मिलित राजनीतिज्ञों के असभ्य – आचरण को छोड़कर यदि गांधीजी सचमुच एक महात्मा की भूमिका का निर्वाह करते और सुभाष व नेहरू को मिलकर कार्य करते रहने की सदप्रेरणा देते रहते तो भारत का इतिहास कुछ और होता। ऐसी परिस्थितियों में निश्चय ही देश के विभाजन की मांग उठाने वाला कोई जिन्नाह पैदा नहीं होता। तब ब्रिटिश सरकार भी भारतवर्ष के शौर्य के सामने शीश झुकाती और छद्म अहिंसावाद की नीतियों का कुहासा भारत के पराक्रम पर कदापि छा जाने का साहस नहीं कर पाता।

नेताजी सुभाष चन्द्र बोस का प्रस्ताव गिर तो गया पर अब इस प्रस्ताव ने पूर्ण स्वाधीनता सम्बन्धी प्रस्ताव और 'गांधीजी की हठ' के बीच की दूरी को केवल एक वर्ष तक समेट कर रख दिया। इससे देश के युवाओं को गांधीजी की 'राजभक्ति' से मुक्ति प्राप्त करने का अवसर मिल गया। देश में ऐसी संस्थाओं और संगठनों की बाढ़ आ गई जो

पूर्ण स्वाधीनता को अपना लक्ष्य मान रहे थे और फटाफट इसके सम्बन्ध में प्रस्ताव पारित कर रहे थे। वह अपने कार्यक्रम आयोजित करते तो उनकी अध्यक्षता नेहरू व सुभाष बाबू से ही कराते थे। देश में उस समय अनेकों ऐसी संस्थाओं , संगठनों और राजनीतिक दलों का जन्म हुआ जो पूर्ण स्वाधीनता में विश्वास रखते थे और क्रान्तिकारी साधनों के माध्यम से भारत को स्वाधीन कराना चाहते थे। यदि गांधीजी सचमुच एक 'महात्मा' के रूप में कांग्रेस का संचालन करते और किसी भी स्थिति – परिस्थिति में नेताजी सुभाषचन्द्र बोस और पण्डित जवाहरलाल नेहरू जैसे 'क्रान्तिकारी कांग्रेसियों' के बीच फूट डालने का काम नहीं करते तो भारत में उस समय जन्म लेने वाले अनेकों क्रांतिकारी संगठनों , संस्थाओं व राजनीतिक दलों का अस्तित्व में आना सम्भव ही नहीं होता। इतिहास के किसी भी गंभीर शोधार्थी का यह निष्कर्ष निकालना निश्चित है कि भारत में यदि उस समय अनेकों क्रान्तिकारी संगठनों ,संस्थाओं और राजनीतिक दलों का प्रादुर्भाव हुआ तो उन सबके पीछे 'गांधीजी का व्यक्तित्व' एक प्रमुख कारण था। लोग उनके अहिंसावादी उपायों से निराश थे और उनके साधनों को स्वाधीनता प्राप्ति के मार्ग में सबसे बड़ी बाधा मानते थे। उसी मानसिकता से उदभूत निराशा के परिवेश में उन्होंने अनेकों राजनीतिक संगठनों , संस्थाओं और दलों को जन्म दिया। सुभाषचन्द्र बोस की लोकप्रियता उस समय अपने चरम पर थी और गांधीजी व नेहरू उनसे कहीं बहुत पीछे रह गए थे।

नेहरू की लोकप्रियता के पीछे जहाँ गांधी जी का उन्हें प्राप्त आशीर्वाद एक प्रमुख कारण था , वहीं वह कभी नेताजी के साथ पूर्ण स्वाधीनता का संकल्प लेने वाले प्रमुख नायक के रूप में रहे थे , यह भी एक प्रमुख कारण था।

10.
रामायण, महाभारत और गांधी जी

देश हमारे देश के इतिहास में विकृतिकरण से अधिक इतिहास का विलोपीकरण किया गया है। इतिहास के विलोपीकरण की यह षड़यंत्रकारी योजना जानबूझकर यूरोपियन देशों के इतिहास लेखकों , मुस्लिम इतिहास लेखकों के साथ–साथ कम्युनिस्ट विचारधारा के लेखकों ने बनायी है। विलोपीकरण की इस प्रक्रिया को पूरा करने के दृष्टिकोण से इन लोगों ने अपने षड़यंत्र में सबसे पहले हमारे सृष्टि सम्वत को हटाया और जानबूझकर ईसा सम्वत को यहाँ पर लागू किया गया। बी.सी. अर्थात ईसा पूर्व और ईस्वी का खेल चलाकर इतिहास की एक नई भ्रान्ति सृजित की गई।

ईसा पूर्व और ईस्वी सन की भ्रांति

अब हम अपने इतिहास के कालक्रम के निर्धारण के लिए इसी बी. सी. और ईस्वी अथवा ए.डी. के खेल में उलझे रहते हैं। हमारे इतिहास का यह भी एक मनोरंजक और आश्चर्यकारी तथ्य है कि आज तक कभी हमने अपने सृष्टि सम्वत की वैज्ञानिकता पर चिन्तन नहीं किया। यहाँ तक कि सरकारों की ओर से या शिक्षा क्षेत्र के महारथियों की ओर से भी इस ओर ध्यान नहीं दिया गया कि इस देश का सृष्टि सम्वत कितना वैज्ञानिक है? हमने विक्रमी सम्वत या शक सम्वत को भी लागू करने में उतना ध्यान नहीं दिया जितने की अपेक्षा की जा सकती थी।

भारतीय इतिहास को विश्व जनमानस के सामने से ओझल करने के षड़यंत्र में लगी शक्तियों ने सारे संसार के इतिहास को पिछले 5000 वर्ष में समाविष्ट करने का मनोरंजनकारी कार्य किया है। दुर्भाग्य की बात यह है कि भारत के लोगों ने भी इसी लीक को पीटने का कार्य किया है कि पृथ्वी पर मानव सभ्यता का इतिहास पिछले केवल 5000 वर्ष का ही है। उससे पहले क्या था?– जब यह पूछा जाता है तो उसे 'अंधकार

युग' कहकर बात समाप्त कर दी जाती है।

इस अंधकार युग के कपाट खोलने की चाबी भारत के पास है। क्योंकि भारत का इतिहास पिछले लाखों–करोड़ों वर्ष का इतिहास है , परंतु 'अंधकार युग' में जाने के भारत के प्रयासों को भी उस समय धत्ता बता दिया जाता है जब रामायण और महाभारत को केवल उपन्यास कह दिया जाता है और भारत सहित विश्व के इतिहास की कालगणना को लगभग दो अरब वर्ष तक ले जाने के उसके सारे प्रमाणों को काल्पनिक कहकर मानने से इंकार कर दिया जाता है।

कभी किसी भी रिसर्च स्कॉलर या शोधार्थी को भारत में इस विषय पर शायद ही पीएचडी या डीलिट् की उपाधि मिली हो कि उसने भारत के इतिहास को पिछले लाखों–करोड़ों वर्षों में देखने का प्रयास किया हो और रामायण , महाभारत आदि ग्रन्थों को काल्पनिक न मानकर इतिहास का एक अनिवार्य अंग मानने के साथ–साथ भारत की संस्कृति को स्पष्ट करने वाले ग्रन्थों के रूप में भी मान्यता दिलाने की बात कही हो।

युगों पुराना इतिहास है भारत का

यह बहुत ही दुखद तथ्य है कि भारतवर्ष में शिक्षा क्षेत्र में उन लोगों को ही उपाधियां मिली हैं , जिन्होंने संसार के इतिहास को पिछले 5000 वर्ष में देखने की धारणा का समर्थन किया हो और भारत व भारतीयता को अपशब्द कहने में किसी प्रकार की कमी न छोड़ी हो। जिसने अकबर को उदार बादशाह के रूप में स्थापित किया हो और महाराणा प्रताप द्वारा अकबर का निरन्तर सामना करते रहने को उनकी वीरता न कहकर मूर्खता सिद्ध करने का प्रयास किया हो।

कलयुग से पूर्व द्वापर , त्रेता और सतयुग का काल रहा है। सतयुग से लेकर कलयुग तक चारों युगों की अवधि 4 : 3: 2 : 1 के अनुपात से आंकी जाती है। इनमें से सतयुग 17 लाख 28 हजार वर्ष का , त्रेता 12 लाख 96 हजार वर्ष का , द्वापर 8लाख 64 हजार वर्ष का और कलयुग 4 लाख 32 हजार वर्ष का होता है। वर्तमान कलियुग के लगभग 5 हजार से अधिक वर्ष अब व्यतीत हो चुके हैं। चारों युगों से एक चतुर्युगी बनती है। जिसमें 43 लाख 20 हजार वर्ष होते हैं। ऐसी हजार चतुर्युगियों से मिलकर 4 अरब 32 करोड वर्ष का एक सृष्टि काल बनता है।

अब यदि इस कालखण्ड पर विचार किया जाए और प्रत्येक युग के दिए गए उपरोक्त वर्षों पर चिन्तन किया जाए तो पता चलता है कि रामचन्द्र जी के त्रेता युग के पश्चात बीच में 8 लाख 64 हजार वर्ष का द्वापर युग बीत गया और अब 5000 वर्ष से अधिक चल रहे कलयुग के बीत चुके हैं। जबकि जिस समय रामचन्द्रजी हुए थे उस समय त्रेता के भी 1लाख वर्ष शेष थे। इस प्रकार रामचंद्र जी को इस पृथ्वी पर आए लगभग पौंने 10 लाख वर्ष हो चुके हैं।

यदि आप रामेश्वरम जाएं तो आप देखेंगे कि वहाँ पर अभी भी ढेर सारे कुण्ड हैं। यहाँ पर आपको ऐसे लोग मिलेंगे जो आपको पानी पर तैरने वाले पत्थर दिखाएंगे। बस , यही वह पत्थर था जिससे रामचन्द्र जी ने समुद्र पर पुल का निर्माण कराया था।

पुल के प्रमाण अभी भी हैं। श्रीलंका अभी भी है। अयोध्या अभी भी है। किष्किंधा और वे सभी स्थान अभी भी हैं जिन पर रामचन्द्र जी का जाना बताया गया , परन्तु इसके उपरान्त भी रामायण काल्पनिक है और हमें कान पकड़कर उठक – बैठक लगाने के लिए इसी बात के लिए बाध्य किया जाता है कि बस यही कहते रहो कि –' रामायण काल्पनिक है '।

गांधीजी , श्रीराम और रामायण

राम और 'रामायण' को कल्पना मात्र मानने की भ्रान्ति गांधीजी ने भी पैदा की है। गांधी जी 19 नवम्बर 1929 को एक पत्र में लिखते हैं :–

"मैं राम और कृष्ण को वैसे ऐतिहासिक पात्र नहीं मानता, जैसे कि वे पुस्तकों में वर्णित हैं।"

गांधी जी उसी पत्र में आगे लिखते हैं–

"रावण हमारी वासनाओं का और कौरव हमारे भीतर के दोषों का प्रतिनिधित्व करते हैं। रामायण और महाभारत का उद्देश्य हमें अहिंसा का उपदेश देते रहना है।" (गांधी वाड्.मय , खण्ड – 32 , पृष्ठ – 69)

गांधी जी सीलोन डेली न्यूज़ में 17 नवम्बर 1927 को राम और रावण के नाम को रेखांकित करते हुए लिखते हैं –

"हिन्दू धर्म में राम ईश्वर का मधुर और और पवित्र नाम है और हिन्दू पुराणों में रावण उस दुष्टता और बुराई का नाम है, जो मानव शरीर में मूर्तिमती हो उठती है। राम रूपी ईश्वर का काम है कि जब और जहाँ

कहीं बुराई हो, उसका नाश करें और साथ ही उसका यह भी काम है कि विभीषण सदृश अपने भक्तों को स्वशासन का अपरिवर्तनीय अधिकार प्रदान करे।"

गांधीजी के इसी प्रकार के चिन्तन ने राम, रामायण और रामायणकालीन भारत सबका गुड़ गोबर कर दिया।

इसी सन्दर्भ में यह भी विचारणीय है कि इतिहासकार और पुरातत्वविद प्रोफ़ेसर माखनलाल ने अपना निष्कर्ष स्थापित किया है कि "इसमें कोई आश्चर्य नहीं है कि कोरल और सिलिका पत्थर जब गरम होता है तो उसमें हवा कैद हो जाती है , जिससे वह हल्का हो जाता है और तैरने लगता है। ऐसे पत्थर को चुनकर ये पुल बनाया गया।"

उनका यह भी निष्कर्ष है कि" सन1480 में आए एक तूफ़ान में ये पुल बहुत अधिक टूट गया था। उससे पहले तक भारत और श्रीलंका के बीच लोग पैदल और साइकिल (पहियों) के माध्यम से इस पुल का प्रयोग करते रहे थे।"

गांधी और श्रीकृष्ण की गीता

भारत के अधिकांश ज्योतिषियों के अनुसार कलयुग का आरम्भ ईसा से 3101 वर्ष पूर्व हुआ था। आर्यभट्ट ने कलयुग का आरम्भ अपनी 23 वर्ष की अवस्था में सम्मत 546 ईसवी से 3600 वर्ष पूर्व स्थापित किया था। उनके कहे पर यदि विश्वास किया जाए तो भी महाभारत का समय अब 2020 ई0 में 5121 वर्ष पूर्व का होता है। नारायण शास्त्री जी की पुस्तक 'शंकर का समय' के अनुसार भीष्म की मृत्यु माघ मास उत्तरायण सूर्य शुक्ल पक्ष , अष्टमी तिथि को रोहिणी नक्षत्र में हुई थी। उनकी मान्यता के अनुसार यह समय अबसे 3139 वर्ष पूर्व का है। जिसे अब 2020 ई. में 5158 वर्ष होते हैं।

इसके उपरान्त भी भारत में अनेकों लोगों की यह भ्रान्त धारणा है कि न तो महाभारत युद्ध कभी हुआ और न श्री कृष्ण जी ही उत्पन्न हुए। इसके अतिरिक्त कौरव – पांडवों की कहानी भी कोरी कल्पना है। डॉ राधाकृष्णन और गांधीजी भी महाभारत के पात्रों को काल्पनिक मानने की भूल करते रहे। जब इन जैसे सम्मानित लोग महाभारत को काल्पनिक कह रहे थे तो स्वाभाविक है कि उसका प्रभाव शासन की नीतियों पर

पड़ता। गांधीजी ने 'गीता माता' के नाम से गीता पर अपनी एक टीका लिखी थी। अपनी इस पुस्तक की प्रस्तावना में ही वह स्पष्ट कर देते हैं कि :– "यह ग्रन्थ ऐतिहासिक नहीं , अपितु इसमें भौतिक युद्ध का वर्णन करने के बहाने प्रत्येक मनुष्य के हृदय में निरन्तर रहने वाले द्वन्द्व युद्ध का वर्णन है।"

मित्रो! जिस देश का 'राष्ट्रपिता' अपने देश के महान इतिहास के बारे में ऐसी धारणा रखता हो , उस देश के इतिहास का 'विलोपीकरण' नहीं होगा तो और किसका होगा? बताने की आवश्यकता नहीं कि देश की सरकारों ने देश के इतिहास के साथ 'गद्दारी' क्यों की? यहां बड़े–बड़े 'जयचंद' और 'संस्कृतिद्रोही' छिपे बैठे हैं। उनके नाम से पहले इतिहास उन्हें आदरसूचक शब्दों के साथ नमन करते हुए आगे बढ़ता है और हम इतिहास के वाकजाल में फँसकर रह जाते हैं।इसी सोच और प्रवृत्ति के कारण हम अपने वास्तविक गौरवमयी इतिहास से वंचित हैं।

सब कुछ कर दिया गुड़ गोबर

जिस देश की सरकारों का अपनी ओर से यह गुप्त एजेंडा रहा कि 'महाभारत' और 'रामायण' को कल्पनिक मानना है और सम्पूर्ण संसार के इतिहास को मात्र 5000 वर्ष के एक सीमित दायरे में ही समेटकर देखना है , उस भारत देश में अपनी ही महान संस्कृति पर क्यों नहीं शोध होते और क्यों नहीं इतिहास पर किसी प्रकार का अनुसन्धान किया जाता है? – गांधी जी की इस छोटी सी टिप्पणी के आलोक में इस बात को सहज ही समझा जा सकता है।

इससे यह भी समझा जा सकता है कि गांधीजी 'गीता' तो पढ़ते थे, परन्तु वह गीता भारत के किसी श्रीकृष्ण नाम के महापुरुष द्वारा एक ऐतिहासिक युद्ध के प्रारम्भ के पहले दिन दिया गया एक ऐतिहासिक उपदेश या सन्देश न होकर अंधकार युग में किसी काल्पनिक व्यक्ति के द्वारा लिखे गए एक उपन्यास में उसके एक प्रमुख पात्र के द्वारा दिया गया एक सन्देश मात्र है।

गांधीजी की 'धर्मनिरपेक्षता' की इसी सोच ने भारत का सत्यानाश कर दिया। इससे यह धारणा रूढ़ हुई कि 2000 वर्ष पहले जब ईसाइयत का जन्म हुआ तो उससे पहले जो कुछ भी था वह कुछ–कुछ वैसा ही

था जैसा बाइबल और उससे पहले की इन्हीं लोगों की धर्म पुस्तकों में लिखा हुआ था। भारत के धर्म शास्त्रों व ग्रन्थों में लिखा हुआ तो सब कुछ काल्पनिक था , परन्तु इन लोगों के धर्म ग्रन्थों में लिखा गया सब कुछ सही था? इस मूर्खतापूर्ण धारणा ने धर्मनिरपेक्षता के नाम पर हमारे देश को अपनी ही जड़ों से काट दिया।

'रामायण' और 'महाभारत' के विषय में यदि गांधी जी का चिंतन राष्ट्र के अनुकूल होता तो आज भारत का इतिहास पिछले 5000 वर्ष के सीमित कालखण्ड की शिवजी की जटाओं में जकड़ा हुआ ना होता अपितु यह पिछले लाखों–करोड़ों वर्ष के अपने महान अनुसन्धानात्मक कार्यों में लगा हुआ होता। सचमुच आज पिछले 5000 वर्ष से शिवजी की जटाओं में उलझी इतिहास की इस गंगा को सुदूर अतीत के मैदानी क्षेत्रों में ले जाकर प्रवाहित करने की आवश्यकता है अर्थात इतिहास का 'विकृतिकरण' तो दूर करना ही है उसके 'विलोपीकरण' को भी शुद्ध करना है। सचमुच इस कार्य के लिए आज फिर एक 'भागीरथ' की आवश्यकता है।

गांधी जी को भारतीय वांग्मय का पूर्ण ज्ञान नहीं था। वह संस्कृत से अनभिज्ञ थे। यही कारण है कि भारत की वैदिक संस्कृति से भी वह अनभिज्ञ रहे। यदि वह भारतीय संस्कृति और संस्कृत से परिचित होते और इनका गहरा ज्ञान उनके पास होता तो वह कदापि ऐसी गलती नहीं करते कि 'रामायण' और 'महाभारत' के पात्रों को ही काल्पनिक बता देते। भारत की जनता प्राचीन काल से महापुरुषों के वचनों को 'ब्रह्मवाक्य' मानकर उन्हें श्रद्धा के साथ मानती आई है। यही कारण है कि देश में ऐसे गांधीवादियों की संख्या बहुत बड़ी है जो 'रामायण' और 'महाभारत' को काल्पनिक मानते हैं। गांधीजी के 'रामायण' और 'महाभारत' के सम्बन्ध में दिए गए ऐसे विचारों का साम्यवादी और कांग्रेसी इतिहासकारों ने गांधीवाद के नाम पर जमकर दुरुपयोग किया है। बजाय इसके कि 'रामायण' और 'महाभारत' की शिक्षाओं पर शोध कार्य को आगे बढ़ाया जाता , इन्हें काल्पनिक कहकर समाप्त करने का काम किया गया।

11.
गांधीजी हरिजन और हजरत सल्ल

फिरोज बख्त अहमद भारत के पहले शिक्षा मंत्री और कांग्रेस के बड़े नेताओं में सम्मिलित रहे मौलाना अबुल कलाम आजाद के पोते हैं। जिनका मुस्लिम शिक्षा जगत में सम्मानपूर्ण स्थान है। मैं उनका एक लेख पढ़ रहा था। जिसमें वह लिखते हैं कि एक बार सवेरे लगभग पौने पांच बजे मौलाना आजाद गांधीजी के निवास पर फज्र की नमाज के बाद गए तो देखा कि गांधीजी कुरान पढ़ रहे हैं। पहले तो मौलाना साहब को विश्वास ही नहीं हुआ मगर जब उनके मुख से शुद्ध अरबी उच्चारण में 'सूरा–ए–इख्लास' सुनी तो वे स्तब्ध रह गए।

मौलाना साहब की इस असमंजस वाली स्थिति को देखते हुए गांधीजी बोले, 'मौलाना साहब, मैं रोज सवेरे कुरान शरीफ पढ़ता हूँ और तरजुमे से पढ़ता हूँ। इससे मुझे मन की अभूतपूर्व शान्ति प्राप्त होती है।'

मौलाना साहब को अब तक यह पता नहीं था कि गांधीजी को उर्दू, अरबी और फारसी का सटीक ज्ञान था और यह कि बचपन में मौलाना अब्दुल कादिर अहमदाबादी नक्शबंदी से उन्होंने यह ज्ञान गुजरात में ही प्राप्त किया था। उस दिन से मौलाना की नजरों में गांधीजी का कद और भी ऊंचा हो गया था।

गांधीजी और 'कुरान वाले'

बख्त साहब इससे ऐसा दिखाना चाहते हैं कि गांधीजी कुरान इसलिए पढ़ते थे कि जैसे कुरान ही मानवतावाद का सबसे महत्त्वपूर्ण संदेश देती है और विश्व में शांति यदि स्थापित हो सकती है तो कुरान के द्वारा ही हो सकती है। मैं बख्त साहब से बड़े सम्मान के साथ पूछना चाहता हूँ कि इसी कुरान के कारण संसार में इस्लामिक आतंकवाद नाम की विचारधारा क्यों चली आ रही है? क्या वे यह बताने का प्रयास करेंगे कि ईरान , अफगानिस्तान ,आज का पाकिस्तान बांग्लादेश , सारा अरब,

यूरोप और संसार भर के वे सभी 56 देश जो आज इस्लामिक राष्ट्र कहे जाते हैं, उन सबको इस्लामिक राष्ट्र बनाने में और वहाँ के मूल समाज को मारने – काटने में इस्लाम ने कितने करोड़ लोगों की बलि ली है? क्या उस सारे खून खराबे को मानवता का खून नहीं माना जाता? गांधीजी कुरान पढ़ते रहे , पर 'कुरान वालों' से कभी यह नहीं पूछ पाए कि मेरी अहिंसा का उपहास तुम तलवारों से क्यों उड़ाते हो? उन्होंने बंगाल में 'सीधी कार्यवाही दिवस' का आयोजन कर हजारों हिन्दुओं का कत्ल कराने वाले सुहरावर्दी को अपना 'भाई' कहा, पास बैठाया , अच्छी बात थी। लेकिन गांधी ने कभी उससे यह नहीं पूछा कि 'कुरान वाले' सुहरावर्दी! तूने बंगाल में हजारों हिन्दुओं को क्यों कत्ल किया?

आज भी देखिए , कुरान के नाम पर इस्लामिक आतंकवाद फैला कर संसार में 'जेहाद' चलाया जा रहा है , क्यों? निरपराध और निर्दोष लोगों का वध किया जा रहा है ,क्यों?

अपने उपरोक्त लेख में फिरोज साहब इस बात पर दुःख व्यक्त करते हैं कि हम गांधी के आदर्शों को अपना नहीं सके। जब कोई भी मुसलमान इस प्रकार की बात करता है तो वह ऐसा कहकर एक शिकायत करता है कि जैसे हिन्दू ही इस देश में गांधी के आदर्शों पर नहीं चलता? मुसलमान तो गांधी का पूरा भक्त है।

जबकि सच यह है कि पाकिस्तान में 14 अगस्त 1947 से ही गांधीजी से घृणा करने वाले लोगों की बड़ी संख्या रही है। विभाजन का दोषी जिन्नाह और उसके बाद उसका पाकिस्तान उन्हें हिन्दू नेता के रूप में देखता चला आया है। इतना ही नहीं कई ऐसे अपशब्दों का प्रयोग भी वहाँ इतिहास की पुस्तकों में गांधीजी के लिए किया गया है , जिन्हें लिखा जाना भी उचित नहीं है।

यदि मुसलमान गांधी का पूरा भक्त है तो हम फिर उन्हीं से पूछते हैं कि 'तबलीगी जमात' उस समय क्या कर रही है जिस समय सारा देश 'कोरोना' जैसी महामारी से लड़ रहा है? हम उनसे यह भी पूछना चाहेंगे कि गांधी के सिद्धांतों की हत्या कश्मीर में कश्मीरी पंडितों को भगाकर किसने की?

पाकिस्तान में 3 करोड़ हिंदुओं को खत्म कर उनका नामोनिशान

मिटाने का अपराध किसने किया? भारतवर्ष में हिंसा और खून खराबे की बातें करने वाले लोग कौन हैं? क्या वह इन प्रश्नों का ईमानदारी से जवाब दे पाएंगे?

जब एक मुस्लिम ने गला दबा दिया था गांधी का

फिरोज साहब अपने लेख में आगे लिखते हैं कि आजादी से थोड़ा पहले ही सम्पूर्ण बंगाल में हिन्दू–मुस्लिम दंगे प्रारम्भ हो गए थे। गांधीजी के वे दिन अवसादपूर्ण व निराशा से भरे थे। जब वे नोआखाली के बाबू बाजार में शांति यात्रा पर घर–घर जा रहे थे तो एक बंगाली मुसलमान भीड़ में से आया और उनका गला दबाते हुए उन्हें जमीन पर गिरा दिया और बोला– 'काफिर ! तेरी हिम्मत कैसे हुई यहाँ कदम रखने की?'

गांधीजी तो पहले ही उपवास रख कर जीर्ण–शीर्ण हो चुके थे, इस वार को न सह सके और गिरते–गिरते उन्होंने 'सूरा–ए–फातिहा' पढ़ी।

यह देख वह बंगाली मुसलमान, जिसकी बड़ी चमकदार दाढ़ी थी, भौंचक्का रह गया और यह सोचकर शर्म से पानी–पानी हो गया कि ऐसे 'सदगुणी प्रवृत्ति वाले महात्मा' पर उसने हाथ उठाया। उसने गांधीजी के पांव पकड़ लिए और क्षमा याचना की।

गांधीजी ने अल्लाहदाद मोंडल से कहा था– "देखो खुदा के निकट मैं तुमसे अच्छा मुसलमान हूँ।"

अब सच्चा और अच्छा मुसलमान कौन है? इसके लिए कुरान का मजहब कुरान वालों को क्या सिखाता है और आज उसके व्याख्याकार अपने लोगों को किस प्रकार हिन्दुओं के खिलाफ भड़काते हैं?

उस पर भी विचार करना आवश्यक है।

मैंने कई मुस्लिम विद्वानों को सुना है। एक जनाब कह रहे थे कि सूरा 9 आयत 28 में हमसे कहा गया है कि काफिरों से ताल्लुक जरूरी है तो बस इतना ही है जैसे शौचालय के अंदर जाना मजबूरी है। दूसरे जनाब कह रहे थे कि सूरा 4 आयत 101 में लिखा है कि अहले इमान दोस्त ना बनाएं कभी भी काफिरों को। तीसरे जनाब कह रहे थे कि सूरत 4 आयत 101 में यह भी है कि निसंदेह गैर मुस्लिम तुम्हारे खुले दुश्मन हैं। एक अन्य मुस्लिम विद्वान सूरा 9 आयत 5 की व्याख्या करते हुए

कहते हैं कि मूर्ति पूजक को जहाँ भी पाओ उनका कत्ल करो। जबकि सूरा 9 आयत 23 के बारे में एक अन्य जनाब कहते हैं कि जो तुम दोस्त बनाते हो काफिरों को , उनको दोस्त मत बनाओ।

यदि गांधी जी अपने ही शब्दों में एक अच्छे और सच्चे मुसलमान थे तो अब पता चलता है कि वह काफ़िरों अर्थात मूर्तिपूजक हिन्दुओं से बेहतर मुसलमान को क्यों मानते थे और क्यों हिन्दुओं से दोहरा बर्ताव करते थे?

फिरोज साहब आगे लिखते हैं विभाजन के तुरन्त बाद गांधीजी ने तनाव की खबरें आने पर फिर नोआखाली जाने का मन बनाया परन्तु परिस्थिति को देखते हुए वे कलकत्ता छोड़ नहीं पाए। अविभाजित बंगाल के प्रधानमंत्री एचएस सुहरावर्दी ने गांधीजी से अनुरोध किया था कि जब तक कलकत्ता में पूर्ण रूप से शान्ति न हो जाए, तब तक वे कलकत्ता में ही रहें। गांधीजी मान गए , पर उन्होंने शर्त रखी कि सुहरावर्दी भी उनके साथ ही एक ही छत के नीचे रहें।

गांधीजी और सुहरावर्दी

बंगाल के हिन्दू नवयुवक गांधीजी का भारी विरोध कर रहे थे। उनका कहना था कि एक वर्ष पूर्व जब मुसलमानों ने हिन्दुओं का कत्ल किया था तब गांधीजी कहां थे? गांधीजी के लिए यह परिस्थिति कोई नई नहीं थी और वे भली– भांति इससे परिचित थे। मगर बावजूद इसके उन्होंने किसी भी सशस्त्र पुलिस की सहायता लेने से इंकार कर दिया था।

एक बार तो उत्सुक भीड़ उतावली हो उठी और लोगों ने 'गांधी वापस जाओ' के नारे लगाने शुरू कर दिए।

गांधीजी ने प्रदर्शनकारियों के पास अपना सन्देश भेजा कि वे उनकी जान लेना चाहते हैं तो इस शर्त पर लें कि उसके बाद वे सुहरावर्दी या उनके साथियों का बाल भी बांका नहीं करेंगे।

हमारा मानना है कि स्वामी श्रद्धानन्द जी के हत्यारे को लेकर गांधी जी ने कभी ऐसा दृष्टिकोण क्यों नहीं अपनाया? इसी प्रकार जहाँ – जहाँ भी हिन्दुओं पर मुस्लिमों ने अत्याचार किये उन क्षेत्रों में किसी एक छोटे से हिन्दू की प्राणरक्षा के लिए भी गांधी जी इतने ही अधिक उतावले क्यों नहीं हुए , जितने वह सुहरावर्दी की प्राणरक्षा के लिए हो रहे थे?

वास्तव में गांधी जी की इस प्रकार की राजनीतिक कार्यशैली को भारत का मौलिक संस्कार बनाने का वर्तमान इतिहास लेखकों ने प्रयास किया है। इसके माध्यम से यह दिखाने का प्रयास किया गया है कि शत्रु को अपना कलेजा भी सौंप दो , जबकि भारत की संस्कृति रही है कि जो व्यक्ति देश ,धर्म व संस्कृति का विनाशक हो और देश के शांतिप्रिय लोगों का अहित करने वाला हो , उसका कलेजा निकाल लो। इसी से देश रक्षा संभव है।

गांधीजी एक साथ हजरत मुहम्मद, कृष्ण, गुरु नानक और ईसा मसीह से प्रभावित थे। मौलाना अबुल कलाम आजाद ने अपने अनेक पत्रों में गांधीजी की इस्लाम के प्रति जिज्ञासा का वर्णन किया है।

'अल–अहरार' संस्था के मौलाना हबीब–उर–रहमान लुधियानवी को एक पत्र में उन्होंने लिखा कि हरिजनों से प्यार व छुआछूत से दूरी गांधीजी ने हजरत मुहम्मद सल्ल से सीखी, जिन्होंने सभी इंसानों को बराबर समझा।

हरिजनों के प्रति प्रेम की भावना रखने की सीख गांधी जी को किसने दी?

कितने दुर्भाग्य की बात है कि गांधीजी को हरिजनों के प्रति छुआछूत मिटाने या बराबरी का व्यवहार करने की प्रेरणा भी एक मुस्लिम से मिली। इसका कारण यही है कि वे जीवन भर उस कुरान को पढ़ते रहे जो ऐसे भाईचारे की बात करती है कि जो काफिर उसके मानने वालों को अपना 'भाई' मानते उसी को कुरान वाले अपने 'चारे' के रूप में प्रयोग करते हैं। जिसके मानने वाले कभी भी संसार में बराबरी की बात नहीं सोचते। यदि गांधीजी कुरान की बराबर वेदों पर ध्यान देते तो निश्चय ही वेद का यह 'संगठन सूक्त' उन्हें सभी के साथ समानता का व्यवहार करने और छुआछूत मिटाने के लिए प्रेरित करता :–

ओउम सं गच्छध्वं सं वदध्वं, सं वो मनांसि जानताम्
देवा भागं यथा पूर्वे , संजानाना उपासते।।
समानो मंत्रः , समितिः समानि।
समानं मनः,सह चित्तमेषाम्।
समानमंत्रमभिमंत्रयेवः , समानेन वो हविषा जुहोमि।।

समानी व आकूतिः, समाना हृदयानिवः।
समानमस्तु वो मनो, यथा वः सु सहासति।।
ओउम शांतिः शांतिः शांतिः।
ऋग्वेद १०/१९१/२–४

वेद के इन मंत्रों में कहा गया है कि हमारे पूर्वज देवताओं की तरह ही हम साथ रहें , आचार,विचार,उच्चार की समानता रहे। हमारे मन मस्तिष्क के सुख–दुःख समान हों , हमारी सबकी चुनौतियां समान हों, हमारी प्रार्थनाओं,आकांक्षाओं,उद्देश्यों,भावनाओं में समानता रहे। हमारे अंतर में समर्पण भाव समान हो , जिससे कि हम सुदृढ़ संगठन गढ़ सके। वैयक्तिक उत्थान , स्वतंत्रता यह लक्ष्य न हो,एकांगी विचार या क्रिया भी अपेक्षित नहीं हैं। संगठित विचार , सामूहिक उद्घोष, सामूहिक प्रयास, सामूहिक संकल्प ही हमारी कार्यप्रणाली हो। लोक संग्रह का हमारा लक्ष्य तभी पूर्ण होगा जब समाज का प्रत्येक व्यक्ति स्वाभिमानी,स्वावलम्बी होगा। ईर्ष्या द्वेष,वैर ,वैमनस्य का समाज में कोई स्थान न होगा। समाज में समरसता और सुख शान्ति होगी।

मैं जानता हूँ कि कई तथाकथित अहिंसावादी गांधीवादियों को मेरे इस लेख से क्रोध आएगा और उनकी प्रतिक्रिया नकारात्मक आएगी। मैं उनसे पहले ही विनम्रता से यह कहना चाहता हूँ कि वह गांधी के कुरानवादी दृष्टिकोण से बनने वाले वर्तमान भारतवर्ष पर दृष्टिपात करें और फिर यह विचार करें कि यदि गांधीवाद के इस दर्शन को लागू न करके वेद का उपरोक्त संगठन सूक्त देश में सामाजिक समरसता को विकसित करने के लिए लागू किया जाता तो आज देश की स्थिति कैसी होती? निश्चय ही गांधीजी 'सच्चे और अच्छे मुसलमान' थे, तभी तो देश में सर्वत्र आतंकवाद ही आतंकवाद है और तभी 'तबलीगी जमात' के लोग लॉकडाउन के दौरान अपना 'शानदार करतब' दिखा सके थे। सचमुच यह स्थिति देश के लिए कष्टप्रद है कि अहिंसा की बात करने वाले गांधी और उनके सपनों के भारत में सर्वत्र वही लोग हिंसा का तांडव कर रहे हैं जिन्हें वह 'भाई' कहकर बुलाते थे।

पता नहीं यह कौन सा भाईचारा है? इसके उपरान्त भी उन हिंसा फैलाने वाले 'भाइयों' को इतिहास प्रेम की दृष्टि से देखता है, और कई

इतिहासकार अनेकों प्रमाणों से यह सिद्ध करने का अनुचित प्रयास करते हैं कि इन का मजहब भाईचारे का मजहब है।

तब इतिहास कुछ और होता....

यदि गांधीजी वेद भक्त होते और डंके की चोट कहते कि मेरे वेद का 'संगठन सूक्त' इस देश में सामाजिक समरसता लाने के लिए मुझे प्रेरणा देने वाला है और इसी को देश के संविधान में यथावत रखकर देश की भावी दिशा निर्धारित की जानी चाहिए तो आज का भारत कुछ दूसरा ही भारत होता। सचमुच 'वेद भक्ति' गांधी जी की मुस्लिम तुष्टिकरण की भेंट चढ़ गया। यही कारण रहा कि वेद का उपरोक्त आदर्श इस देश में लागू नहीं हो सका। इसी बात को पकड़कर गांधीवादी इतिहासकारों ने 'वेद भक्ति' और 'देशभक्ति' दोनों को ही इतिहास से निकालकर नीरस इतिहास परोसने का कुचक्र चलना आरम्भ किया। हमें यह स्थापित करना चाहिए था कि देशभक्त वही है जो 'वेद भक्त' हैं। हम उधारी कल्पनाओं , उधारी मनीषा और उधारी विचारधाराओं से 'अपना देश' चलाने लगे। सचमुच हमें अपने तत्कालीन नेतृत्व के बौद्धिक चिन्तन और उसकी बौद्धिक क्षमताओं पर तरस आता है।अपना बहुत कुछ उत्तम होते हुए भी उन्होंने सब कुछ उधार लेकर देश चलाने का प्रयास किया , इससे बड़ी मूर्खता और क्या हो सकती है?

12.

तब कहलाते गांधीजी वास्तविक नायक

जब देश को तोड़कर पाकिस्तान बनाने की सहमति गांधी जी और उनकी कांग्रेस ने दी तो उस समय कांग्रेस के भीतर किसी प्रकार का शोक व्याप्त नहीं था। इसके विपरीत सभी कांग्रेसी किसी न किसी प्रकार सत्ता में अपनी भागीदारी सुनिश्चित करने की युक्तियां भिड़ा रहे थे। जिनकी पहुंच गांधीजी तक थी वे गांधीजी के पास आकर और जिनकी गांधीजी से सीधी पकड़ नहीं थी वे गांधीजी के किसी अन्य भक्त का सहारा लेकर अपनी देश सेवा का 'पुरस्कार' पाने की चाह में दिन रात एक किए हुए थे।

भारत के प्रथम मंत्रिमण्डल के सदस्य एन. वी. गाडगिल ने इस सम्बन्ध में बड़ा स्पष्ट लिखा है– "3 जून की घोषणा होते ही दिल्ली के समाचार पत्रों में अटकलें लगने लगीं। गपशप के अड्डों पर भविष्यवाणी की जाने लगी कि स्वाधीन भारत के प्रथम मंत्रिमण्डल में कौन विराजमान होगा और कौन नहीं? – प्रतिदिन गांधी जी से जो लोग मिलने आते थे, उनके मापदण्ड से आंका जाने लगा कि भावी मंत्रीमण्डल की रूपरेखा क्या होगी? उस समय जिन दर्जनों इंजीनियरों ने इस मापदण्ड का प्रयोग किया वे दिल्ली में आकाश पर चढ़ गए। कांग्रेस के प्रकोष्ठ (लॉबी) में भी चर्चा का मुख्य विषय यही था। अनेक कांग्रेसी अपना भविष्य संवारने के उद्यम में जुटे हुए थे। अनेक सदस्य जो कांग्रेस राजनीति में बुढिया गए थे प्रतिदिन गांधी जी , पटेल, नेहरू और यदा–कदा मौलाना के घरों के चक्कर काटने लगे।"

इसका अभिप्राय था कि जिन लोगों पर उस समय देश की जिम्मेदारी आने वाली थी , उन्हें उस समय देश का विभाजन हो या न हो या विभाजन के फलितार्थ क्या होंगे या देश की हिन्दू – मुस्लिम आबादी का शान्तिपूर्ण विस्थापन कैसे हो? – इस विषय पर विचार करने का

समय ही नहीं था। 3 जून की घोषणा के पश्चात सभी को अपनी – अपनी देशभक्ति का पुरस्कार पाने की इच्छा हो रही थी। चरखा कातकर और देश को विभाजन की ओर धकेलकर जितनी देशभक्ति या देश सेवा इन्होंने की थी , उसकी कीमत वसूलने के लिए अब यह लालायित थे।

गांधीवादियों की पद पाने की आपाधापी

इनकी इस प्रकार की चेष्टाओं को देखकर ऐसे कितने ही बलिदानियों की आत्माएं कष्ट अनुभव कर रही होंगी , जिन्होंने अपनी गर्दन का मोल लिए बिना ही स्वतन्त्रता के लिए अपने बलिदान दे दिए थे।

एक वह लोग थे जो गर्दन का मोल लिए बिना ही फांसी के फंदे पर झूल गए थे और एक यह कांग्रेसी थे जो स्वतन्त्रता सैनानी के झूठे प्रमाण पत्र तक लेकर सत्ता सुख भोगने की पंक्ति में खड़े होते जा रहे थे।

गांधी जी व गांधीवाद के नाम पर सत्ता की ऐसी चाह कांग्रेसियों के भीतर देखने को मिलेगी? – यह सोचा भी नहीं जा सकता था। विशेषकर तब जबकि भारत दधीचि जैसे महात्माओं का देश रहा है। जहाँ प्राणीमात्र के कल्याण के लिए अस्थियों का दान देना भी सहर्ष स्वीकार किया जाता रहा है। यदि इतिहास इस देश को दधीचि महात्मा का देश कहे तो गर्व होता है और यदि इतिहास इस देश को उन गांधीवादियों का देश कहे जो सत्ता के लिए भूखे गिद्धों की तरह लड़ रहे थे और जिन्हें देश के बंटवारे की तनिक भी चिंता न होकर पद पाने की चिंता थी तो शर्म आती है।

कांग्रेसियों की सत्ता में हिस्सा प्राप्त करने की इस आपाधापी को हमारे पतन की निकृष्ट अवस्था ही कहा जाना चाहिए। क्योंकि इस देश की यह परम्परा रही है कि यहाँ देशभक्ति का मूल्य न तो मांगा गया और न ही आंका गया। कहना न होगा कि इस देश का सांस्कृतिक राष्ट्रवाद बिना गर्दन का मूल्य लिये फांसी पर चढ़ना सिखाता है और गांधीवाद छोटी सी सेवा का भी बड़ा पुरस्कार लेना सिखाता है।

भारत की बलिदानी परम्परा

राजा दाहिर , पृथ्वीराज चौहान , छत्रसाल , महाराणा प्रताप , अयोध्या के राजा भीटी मेहताब सिंह और राम मन्दिर के लिए अपना सर्वोत्कृष्ट

बलिदान देने वाले दीनदयाल जैसे अनेकों युवक , शिवाजी महाराज, वीर बंदा बैरागी , कोतवाल धनसिंह , मंगल पांडे , रानी लक्ष्मीबाई और उसके पश्चात सुभाषचन्द्र बोस , राम प्रसाद बिस्मिल , सावरकर इन जैसे लाखों क्रान्तिकारियों ने कभी जाकर किसी के सामने इस बात के लिए कटोरा नहीं फैलाया, ना इस बात के लिए आपाधापी मचाई कि अब हमारी देशभक्ति का उचित पुरस्कार या मूल्य हमें प्रदान कर दो। इसके उपरान्त भी मूल्य न मांगने वाले ये बलिदानी या क्रान्तिकारी इतिहास से विलुप्त कर दिए गए और अपने किए गए शान्तिपूर्ण तथाकथित प्रदर्शन के आधार पर स्वतन्त्रता प्राप्त करने वाले कांग्रेसी इस देश के नायक हो गए? शोक! महाशोक!!

ध्यान रहे किसी भी महात्मा का जीवन सभी सांसारिक ऐषणाओं से मुक्त होता है। उसके सच्चे अनुयायी भी वही होते हैं जो ऐसी ऐषणाओं से मुक्त होते हैं और 'नेकी कर दरिया में डाल' – की भावना से काम करते हैं। ऐसे में क्या गांधी जी वास्तव में महात्मा थे? – यदि वह महात्मा थे तो उनके अनुयायी महात्मा क्यों नहीं बन पाए? इतिहास को इस प्रश्न का उत्तर देना ही चाहिए?

राम मनोहर लोहिया लिखते हैं :–" ऐसी स्थिति में जब हिन्दू मुस्लिम सम्बन्ध बनने की लगभग कोई सम्भावना नहीं रह गई थी , पुराने कांग्रेसियों का कुर्सी का लालच किसी उच्च प्रयोजन की आड़ में उभरकर सामने आने लगा था। हो सकता है कि उनमें से कुछ को अपने तुच्छ उद्देश्य का भान न रहा हो। वास्तव में उन्हें इसमें औचित्य का ही आभास हुआ होगा। क्योंकि जब वे देश का अंग – भंग कर रहे थे और कुर्सी पर बैठने की तैयारी में लगे थे तो उन्हें लगा होगा कि वे असाध्य हिन्दू मुस्लिम समस्या को ठिकाने लगा रहे हैं। "

तब गांधीजी बन जाते वास्तविक नायक

जिस गांधी की 150 वीं जयंती को देश ने पिछले दिनों में बड़े हर्ष और उल्लास के साथ मनाया था उसके कांग्रेसियों की देशभक्ति देखिए कि जब देश का विभाजन होना अवश्यंभावी हो गया तो किसी भी कांग्रेसी ने " भारत जोड़ो आंदोलन " चलाने का निर्णय नहीं लिया। यहां तक कि हर बात पर अनशन करने वाले गांधीजी भी इस विषय पर मौन

साध गए। यदि वह 3 जून की घोषणा के पश्चात देश में ' भारत जोड़ो आंदोलन ' के नाम पर निकल पड़ते तो सारा देश अपने इस 'महात्मा नेता' को सिर आंखों पर बिठा लेता। गांधीजी को अपने महात्मापन का परिचय देने के लिए 3 जून की घटना का सदुपयोग करना चाहिए था। अच्छा होता कि वह कांग्रेस से मोहभंग कर डंके की चोट कहते कि देश का विभाजन वह हरगिज स्वीकार नहीं करेंगे। इसलिए अब 'भारत को जोड़ने के लिए' वह पूरे देश का भ्रमण करेंगे। इतिहास को गांधीजी से ऐसी अपेक्षा करनी ही चाहिए। पर गांधी जी ने न तो आंदोलन चलाने का विचार किया और न ही जेल जाने की घोषणा की। इसके विपरीत उन्होंने 3 जून 1947 की उस घोषणा को अपनी सहमति प्रदान कर दी।

राम मनोहर लोहिया लिखते हैं : – '' आज मुझे इस बात से गहरा क्लेश हो रहा है कि जब इस महान देश का विभाजन हुआ तो न किसी व्यक्ति ने अपने प्राणों का उत्सर्ग किया और न ही कोई कारागार में गया। मुझे इस बात पर गहरा खेद है कि भारत के विभाजन पर कारागार जाने के लिए मैंने रंचमात्र भी चेष्टा नहीं की। हिंदू मुस्लिम बलवे की भयावह और झूठी आशंका ने मुझे इतना अंधा कर दिया कि मैं अपने जीवन की और देश के वर्तमान इतिहास की निर्णायक घड़ी में अपनी आस्था का साक्षी भी नहीं बन सका। दूसरों का भी यही हाल हुआ नेताओं की तो और भी अधिक अधोगति हुई वे लालच के फंदे में फंस गए।"

यह लोहिया जी की महानता थी कि उन्होंने अपनी आत्मा में उठने वाले विचारों को बाहर प्रकट किया। पर गांधीजी तो किसी ऐसी महानता का प्रदर्शन भी नहीं कर पाए।

गांधी जी को उस समय उन लोगों का साथ देना चाहिए था जो देश विभाजन के विरोधी थे। इससे उनका वह संकल्प पूर्ण होता कि 'पाकिस्तान मेरी लाश पर बनेगा'। सत्ता के भूखे भेड़ियों का सत्ता स्वार्थ न बढ़ाकर गांधीजी को उन्हें सत्ता से दूर रहकर दंगों में मर रहे उन हिंदुओं को बचाने की प्रेरणा देनी चाहिए थी जो विभाजन की भयानक विभीषिकाओं के शिकार हो रहे थे। सांप्रदायिक दंगों की भेंट चढ़ते लोग आग में कीट पतंगों की भांति झोंके जा रहे थे, और गांधीजी 'ईश्वर अल्लाह तेरो नाम' – गा रहे थे। दंगों में झुलसते व जलते हिन्दुओं को

देखकर उन्हें तनिक भी दया नहीं आयी। इसके विपरीत उन्होंने ऐसा आचरण, किया जिससे वह लोगों की दृष्टि में हिन्दू विरोधी बन गए। दुर्भाग्य देखिए कि जिन मुसलमानों को बचाने की हरसंभव चेष्टा गांधी जी भारत में रहते हुए कर रहे थे , उन्ही मुसलमानों के नाम पर बना अलग देश पाकिस्तान गांधीजी को उस समय एक 'हिन्दू नेता' कहकर गाली दे रहा था।

गांधीजी का दोगलापन

मोहम्मद अली जिन्नाह भारत विभाजन का वास्तविक दोषी था। गांधीजी यह जानते हुए भी इस तथ्य से अनजान बने रहे और भारत विभाजन के दोषी जिन्नाह को 'कायदे आजम' कहकर पुकारते रहे। 1931 में कॉंग्रेस के ध्वज निर्धारण के लिए बनी समिति ने सर्वसम्मति से चरखा अंकित भगवा वस्त्र पर निर्णय लिया। यदि ऐसा होता तो निश्चय ही भगवा रंग भारत के लिए बहुत ही शुभ होता। पर तुष्टीकरण के लिए विख्यात हो चुके गांधी जी ने झण्डा समिति के इस निर्णय को मानने से इनकार कर दिया और जिद कर बैठे कि भारत का झण्डा तिरंगा हो। अन्त में कांग्रेस कार्यसमिति ने झण्डा समिति की मांग को निरस्त कर गांधीजी की जिद के समक्ष समर्पण कर दिया। गांधीजी का दोगलापन हर मोड़ पर हिंदू विरोधी भावना से भरा हुआ था।

इतिहास का यह भी एक रोचक तथ्य है कि 14–15 जून, 1947को दिल्ली में आयोजित अखिल भारतीय कॉंग्रेस समिति की बैठक में भारत विभाजन का प्रस्ताव अस्वीकृत होने की स्थिति में पहुँच चुका था, किन्तु गान्धीजी ने मुस्लिम तुष्टीकरण की अपनी नीति का परिचय देते हुए वहाँ पहुँचकर कांग्रेसियों से प्रस्ताव का समर्थन करवाया। इस तथ्य से यह स्पष्ट हो जाता है कि कांग्रेस कार्य समिति भी विभाजन की विरोधी थी और गांधीजी ही अकेले वह व्यक्ति थे जो कॉन्ग्रेस कार्य समिति को भी विभाजन के लिए तैयार करवाने में सक्रिय रहे थे। यद्यपि कहने के लिए वह यह कहते रहे थे कि देश का विभाजन उनकी लाश पर होगा।

गांधीजी के समकालीन नेता डॉक्टर अम्बेडकर बहुत ही व्यवहारिक दृष्टिकोण के राष्ट्रवादी नेता थे। वह किसी भी प्रकार के मुस्लिम तुष्टिकरण के विरोधी थे। उन्होंने विभाजन के समय हिन्दू – मुस्लिम

जनसंख्या की पूर्ण अदला – बदली का प्रस्ताव रखा था। उनका कहना था कि यदि साम्प्रदायिक आधार पर देश का विभाजन हो रहा है तो भारत में रह रहे सभी मुसलमानों को पाकिस्तान भेज दिया जाए और पाकिस्तान के सभी हिन्दुओं को वहाँ से भारत बुला लिया जाए , ऐसा ही दृष्टिकोण मोहम्मद अली जिन्नाह का भी था। जब जिन्नाह भी इस बात का समर्थक था तो गांधी जी को इस प्रस्ताव को मानने में किसी प्रकार की आनाकानी नहीं करनी चाहिए थी , परंतु उन्होंने इस प्रकार के प्रस्ताव को मानने से इनकार कर दिया और अपनी जिद कांग्रेस पर थोपकर बड़ी संख्या में देश में मुसलमानों को रख लिया और जो हिन्दू पाकिस्तान से भारत के लिए चल दिए थे , उन्हें वहीं रुक जाने की सलाह देने लगे।

13.
गांधीजी हिन्दुत्व

हिन्दुत्व के विषय में यह सत्य है कि यह कभी भी उन्मादी ,उग्रवादी, उत्पाती और दूसरों के जीवन के प्रति हिंसक नहीं हो सकता , परन्तु इसके उपरान्त भी हिंदुत्व कभी भी दूसरों के आतंक , अत्याचार, उग्रवाद और उन्माद को मौन रहकर सहने के लिए भी हमसे नहीं कह सकता। जबकि गांधीजी का हिन्दुत्व मौन रहकर दूसरे के अत्याचारों को सहने की प्रेरणा देता है। वह अपने अस्तित्व को मिटाकर दूसरे को फलने फूलने का अवसर देने की शिक्षा देता है। जबकि भारत का वास्तविक हिन्दुत्व सह – अस्तित्व में विश्वास रखता है। यद्यपि गांधीवाद के विषय में भी यह कहा जा सकता है कि वह भी सह अस्तित्व की परिकल्पना करता है , पर व्यावहारिक दृष्टिकोण से यदि चिन्तन किया जाए तो पता चलता है कि गांधी जी का सह –अस्तित्व मुसलमानों को अधिक अधिकार देकर हिन्दुओं को उनके सामने 'मेमना' बना डालता है। हिन्दू विनाश के षड़यंत्रों और कुचक्रों में लगे लोगों के विरुद्ध जब हिन्दुत्व प्रबल आक्रोश व्यक्त करता है या उनसे प्रतिरोध और प्रतिशोध लेने की बात करता है तो कई लोग ऐसे हैं जिन्हें आत्मरक्षा में हिन्दुत्व की इस सजगता में भी उग्रवाद के दर्शन होते हैं।

यह कैसा गांधीवाद?

वास्तव में ऐसे लोग किसी न किसी प्रकार से गांधीवाद के चिन्तन से ही पले – बढ़े हैं। समझ नहीं आता कि यह कैसा गांधीवाद है जो आत्मरक्षा में उठाए गए कदम को भी उग्रवाद कहता है? जबकि आत्मरक्षा या निज – अस्तित्व को बचाए रखने के लिए तो पशु जगत में भी क्रिया – प्रतिक्रिया होती देखी जाती है।

गांधीजी दिखने में तो सनातनी हिन्दू दिखाई देते हैं , उनके समर्थक गांधीवादियों का कहना है कि उनका निजी जीवन पूर्णतया धर्म से

आच्छन्न था। उनके प्रशंसक इतना भी कहते हैं कि उनका यह धर्म हिन्दू धर्म ही था। जो लोग गांधीजी के धर्म को हिन्दू की संज्ञा देते हैं , उन्हें यह पता होना चाहिए कि हिन्दू अपने आप में कोई धर्म नहीं है। भारत का धर्म तो वैदिक धर्म है। हिन्दू भारतीयता की एक जीवन शैली का अंग है , जो वैदिक धर्म से ही निकलकर विस्तार पा गया है। इसका निर्माण पौराणिकवाद से अधिक हुआ है। वैदिक धर्म की अपेक्षा अनेकों कमियों को गले लगा कर चलता दिखाई देने वाला हिन्दू इस सब के उपरान्त भी शस्त्र और शास्त्र का पुजारी है। जबकि गांधीजी न तो शास्त्र के पुजारी हैं और न ही शस्त्र के पुजारी हैं। वे जिस 'गीता' को साथ रखने का नाटक करते हैं , उसी 'गीता' के इस उपदेश को मानने से इनकार कर देते हैं कि – 'मैं अधर्मी , नीच और पापियों के संहार के लिए बार–बार जन्म लेना उचित मानूंगा।'

इसके विपरीत गांधीजी अधर्मी, नीच और पापियों के समक्ष आत्मसमर्पण कर खड़े हो जाने की शिक्षा देते हैं। 'गीता' को पढ़ने वाले गांधीजी यदि श्रीकृष्ण के स्थान पर होते तो वह अपने 'अर्जुन' को अपने विरोधियों के हाथ मर जाने की प्रेरणा देते। इसे हिन्दू का जीवनादर्श नहीं कहा जा सकता।

गांधी जी का धर्म और उनकी मान्यताएं

वास्तव में गांधीजी का हिन्दू और हिन्दू दर्शन से कोई संबंध नहीं था। उनका धर्म वह था जिसे वह स्वयं अपने लिए उचित मानते थे। उनकी नैतिकता, उनकी आध्यात्मिकता, और उनकी ईश्वरभक्ति भी अपनी मान्यताओं, अपनी धारणाओं ,अपनी सोच और अपनी परिभाषा से तय होती थी। हिन्दू धर्म शास्त्रों से उनका कोई सम्बन्ध नहीं था। गांधी जी के धर्म, उनकी मान्यताओं, उनकी आध्यात्मिकता और उनकी ईश्वर भक्ति पर यदि शोध किया जाए तो हमें कदम – कदम पर गहराते कुछ स्याह रहस्यों के अतिरिक्त कुछ नहीं मिलेगा।

गांधीजी मुस्लिम तुष्टिकरण के द्वारा अपने बारे में जितना ही यह संकेत देने का प्रयास करते थे कि वह हिन्दू नहीं हैं, उतना ही मुस्लिम लीग के जिन्नाह और अन्य नेता उन्हें 'हिन्दू नेता' के नाम से पुकार कर उन्हें केवल हिन्दू तक सीमित करने का प्रयास करते थे। यदि गांधीजी

स्वयं को एक 'हिन्दू नेता' के रूप में स्थापित करते और इसमें स्वयं उन्हें कोई आपत्ति नहीं होती तो मुस्लिम लीग के नेता उनको 'हिंदू नेता' कहने का साहस नहीं करते, क्योंकि मुस्लिम लीग के नेताओं ने कभी भी सावरकर जी को 'हिन्दू नेता' नहीं कहा था। कारण कि सावरकर जी स्वयं ही अपने आप को 'हिन्दू नेता' कह कर गर्व और गौरव का अनुभव करते थे। डॉक्टर अम्बेडकर जी गांधी जी को 'बुरा सवर्ण हिन्दू' मानते थे।

गाँधीजी ने स्वयं 12 अक्तूबर, 1921 के 'यंग इंडिया' में घोषणा की थी: ''मैं अपने को सनातनी हिन्दू कहता हूँ क्योंकि मैं वेदों, उपनिषदों, पुराणों और समस्त हिन्दू शास्त्रों में विश्वास करता हूँ और इसीलिए अवतारों और पुनर्जन्मों में भी मेरा विश्वास है। मैं वर्णाश्रम धर्म में विश्वास करता हूँ।इसे मैं उन अर्थों में मानता हूँ जो पूरी तरह वेद सम्मत हैं, लेकिन उसके वर्तमान प्रचलित और भौंडे रूप को नहीं मानता।

मैं प्रचलित अर्थों से कहीं अधिक व्यापक अर्थ में गाय की रक्षा में विश्वास करता हूँ। मूर्तिपूजा में मेरा विश्वास नहीं है।''

गांधीजी और हिंदू राष्ट्र

यह बहुत ही दुखद तथ्य है कि अपने आपको सनातनी हिन्दू कहने वाले गांधीजी का कभी भी हिन्दू महासभा के 'हिन्दू राष्ट्र' में विश्वास नहीं रहा। वह एक ऐसी कल्पना में खोए रहे कि 'हिन्दू भारत' कभी हो ही नहीं सकता।जबकि हिंदू महासभा के नेता 'हिन्दू भारत' की बात करते थे। गांधीजी इतिहास के उन सभी तथ्यों को झुठलाने को तैयार थे जो 'हिन्दू भारत' के गौरव पूर्ण अतीत को प्रकट करते थे। वेदों और पुराणों में विश्वास रखने वाले गांधी जी मुगलों से पीछे के इतिहास पर जाकर प्रकाश डालना और उसके आधार पर 'हिन्दू भारत' की खोज करने को तैयार नहीं होते थे।

आज जिन लोगों ने पुराणों में 'अल्लाह' शब्द को डालकर उनमें मिलावट करने का काम किया है , यह वही लोग हैं जो गांधीजी के 'ईश्वर अल्लाह तेरो नाम' – से ऊर्जा प्राप्त करते रहे हैं। यह अल्लाह को इतना पुराना सिद्ध कर देना चाहते हैं , जितने पुराने वेद हैं। गांधीजी के 'ईश्वर अल्लाह तेरो नाम'– इसी गीत ने लोगों की बुद्धि

पर पर्दा डाल दिया। किसी ने यह नहीं सोचा कि वेदों और पुराणों में यदि 'अल्लाह' शब्द है तो ईश्वर शब्द कुरान में क्यों नहीं है? या फिर ईश्वर और अल्लाह दोनों एक हैं तो अल्लाह वालों को ईश्वर पुकारने में आपत्ति क्यों हो?

हिंदू महासभा यह मान सकती थी कि ईश्वर अल्लाह उसी एक परमेश्वर के नाम हैं , परन्तु उसके लिए शर्त केवल एक थी कि अल्लाह वाले भी इस बात को मानें। जबकि गांधी जी की यह जिद थी कि अल्लाह वाले मानें या न मानें पर ईश्वर वाले जरूर मान लें।

देश में गांधीवादी आज तक भी इसी जिद पर कायम हैं कि ईश्वर अल्लाह एक ही परमेश्वर के नाम हैं और हिन्दुओं को इसे मानकर मुसलमानों के प्रति एक पक्षीय प्यार दिखाना चाहिए। इसके लिए देश को चाहे जितनी बड़ी कीमत चुकानी पड़े ,गांधीवाद और गांधीवादी उसके लिए आज भी वैसे ही तैयार हैं जैसे देश विभाजन के लिए 1947 में या उससे पूर्व तैयार थे।

गांधीवादी हिन्दू भारत

गांधी जी की सोच थी कि मुसलमानों को प्रसन्न करने के लिए हिंदुओं को अपनी चाल – ढाल सब भूल जानी चाहिए। वे बदलें या न बदलें पर हिन्दू अपने आपको अवश्य बदल लें और इतना बदल लें कि वे जो चाहें सो करते रहें और जो मांगे सो मांगते चले जाएं। हिन्दू को उनकी ओर से आंखें बंद कर लेनी चाहिए। गांधीजी, गांधीवाद और गांधीवादियों की इसी सोच के चलते1947 के बाद कश्मीर को हमने एक बंद डिब्बे की तरह समझ लिया। जिसके प्रति 'गांधीवादी हिन्दू भारत' ने आंखें बंद कर लीं। वहाँ हिन्दुओं पर जो भी अत्याचार होते रहे , 'गांधीवादी हिन्दू भारत' ने उसकी ओर सहानुभूति से देखना तक भी उचित नहीं माना। बस, गांधीजी हिन्दू के प्रति ऐसे ही 'ह्रदयहीन भारत' का निर्माण करना चाहते थे।

गांधीवादियों की दृष्टि में भारत में हिंदू राष्ट्र हजार डेढ़ हजार वर्ष पूर्व समाप्त हो चुका था। इनका मानना है कि जब इस्लाम यहाँ पर आया तो वह एक 'मजबूत धर्म' के रूप में भारत में प्रविष्ट हुआ। उसके पश्चात ईसाई धर्म भी ऐसे ही 'मजबूत धर्म' के रूप में भारत में प्रविष्ट हुआ

था। गांधीवादियों की दृष्टि में हिंदुत्व या वैदिक धर्म अपने आपमें इतना मजबूत ,सरस और प्रगतिशील नहीं हैं जितना इस्लाम और ईसाइयत हैं।

गांधीवादियों की यही सोच हमारा पीछा आज तक कर रही है। जिसके कारण हम इस्लाम और ईसाइयत की रूढ़िवादिता पर प्रहार करने से तो बचते हैं और 'हिन्दू' को जितना मन में आता है, उतना गाली देकर अपने आप को संतुष्ट करते हैं। ऐसा करके हम यह दिखाते हैं कि हम बहुत बड़े धर्मनिरपेक्ष और गांधीवादी हैं।

गांधीवादियों ने राष्ट्रीय दृष्टिकोण या राष्ट्रीय सोच की भी अपने ढंग से एक नई परिभाषा गढ़ी है। इसके अनुसार चोर – उचक्के , बदमाश , राजा ,अपराधी और न्यायाधीश जहाँ सब एक साथ बैठें और एक साथ बैठकर नीति ,रणनीति बनाएं , शासन चलाने के लिए नीति निर्धारित करें , उस 'गुड़ गोबर' को यह राष्ट्रीय सोच या राष्ट्रीय दृष्टिकोण कहते हैं। इसीलिए इनके राज में कश्मीर के आतंकवादी भी सरकारी सुविधाएं प्राप्त करते रहे और विदेशों में जाकर भारत के पैसे से भारत के विरुद्ध ही उग्रवादी , आतंकवादी गतिविधियों को प्रोत्साहित करते रहे। वास्तव में यह सोच भी गांधीवाद की ही देन है। हमारे दृष्टिकोण में राष्ट्रीय सोच वह है जो राष्ट्र को विखंडित करने वाली शक्तियों के विरुद्ध राष्ट्रवादी लोगों को एक साथ मिलकर काम करने का आमंत्रण देती है और जहाँ अराष्ट्रीय लोग ऐसे आमंत्रण के लिए सर्वथा अयोग्य समझे जाएं।

यदि गांधीजी का हिन्दुत्व यही है तो हमें निसंकोच कहना चाहिए कि हमें ऐसा गांधीवादी हिन्दुत्व नहीं चाहिए।

14.
गांधीजी और हिन्दू मुस्लिम एकता

8 सितम्बर 1920 को 'यंग इंडिया' में गांधी जी ने देश के हिन्दू –मुस्लिमों के बीच एकता और भाईचारे को बलवती करने हेतु तीन नारों पर जोर दिया था। उन्होंने कहा था कि 'अल्लाह हो अकबर', 'भारत माता की जय' और 'हिन्दू–मुसलमान की जय' – इन तीन नारों को क्रमशः लगाने में हिन्दू मुस्लिमों में से किसी को भी कोई समस्या नहीं होनी चाहिए।

गांधी लिखते हैं कि 'अल्लाह हो अकबर' का नारा लगाने में किसी को आपत्ति नहीं होनी चाहिए ,क्योंकि इसका अभिप्राय है कि ईश्वर महान है।

गांधीजी की अपील पर स्वतन्त्रता आन्दोलन के समय हजारों हिन्दुओं ने 'वन्देमातरम' और 'अल्लाह हो अकबर' का नारा एक साथ लगाया। पर जब मुसलमानों के सामने 'अल्लाह हो अकबर' और 'वन्देमातरम' का नारा एक साथ लगाने की बात आई तो मुसलमान 'वन्देमातरम' कहने से पीछे हट गए। उनकी बात का समर्थन करते हुए 'यंग इंडिया' में ही गांधी जी ने फिर एक बार यह भी लिखा कि 'किसी पर कोई नारा थोपा नहीं जाना चाहिए।

.... तब गांधीवाद मौन हो जाता है

वैसे हम स्वयं भी यह अनिवार्य मानते हैं कि भारत के समग्र विकास के लिए हिन्दू – मुस्लिम एकता अनिवार्य है। इसके साथ ही यह भी सत्य है कि हिन्दू– मुस्लिम एकता की बातें करना केवल हिन्दुओं पर ही लागू नहीं होना चाहिए। यह मुसलमानों से भी उतना ही अपेक्षित है जितना हिन्दुओं से। गांधीजी और गांधीवाद हिन्दू– मुस्लिम एकता के लिए केवल हिन्दुओं पर ही दबाव बनाता हुआ दिखाई देता है। जब कोई हिन्दू कहीं पर किसी मुसलमान का उत्पीड़न करता है तो उस

पर गांधीवाद मुखर हो जाता है, पर गांधीवाद कभी इस बात पर कोई सर्वेक्षण नहीं करता, ना ही कोई समीक्षा करता कि देश में जहाँ – जहाँ भी मुस्लिम आबादी विकसित होने लगती है , वहाँ से हिन्दू क्यों पलायन करता है? इसी प्रकार जहाँ पर पहले से ही हिन्दू बसा होता है, वहाँ पर यदि मुसलमान दो या चार परिवारों की संख्या में भी पहुँच जाएं तो कुछ समय उपरान्त ही हिन्दुओं के साथ ऐसी हरकतें करने लगते हैं, जिससे हिन्दू परिवार वहाँ से पलायन के लिए विवश हो जाएं। हिन्दू– मुस्लिम एकता की बात करने वाला गांधीवाद इस समस्या का स्थायी समाधान क्यों नहीं निकालता और क्यों नहीं मुसलमानों की ओर से ऐसी गारंटी हिन्दू समाज को दिलवाता कि वे स्वयं हिन्दू परिवारों की सुरक्षा के लिए आगे आएंगे और उनको अपने तीज – त्यौहार बड़े आराम से मनाने देंगे, उनकी बहन – बेटियों के साथ किसी भी प्रकार की असभ्यता या अभद्रता नहीं करेंगे?

डॉक्टर अंबेडकर जी का व्यावहारिक चिन्तन

हिन्दू–मुस्लिम 'शत्रुता' के सम्बन्ध में डॉक्टर भीमराव अम्बेडकर जी का गांधीजी की अपेक्षा अधिक व्यावहारिक दृष्टिकोण था। उन्होंने इस विषय में लिखा है कि हिन्दू कहते हैं कि अंग्रेजों की 'फूट डालो और राज करो' – की नीति ही (हिन्दू–मुस्लिम एकता में) विफलता का कारण है। अब समय आ गया है कि हिन्दुओं को अपनी यह मानसिकता छोड़नी होगी, क्योंकि उनके दृष्टिकोण में दो अहम् मुद्दों पर ध्यान नहीं दिया गया है। सर्वप्रथम, मुद्दा इस बात को दरकिनार करता है कि अंग्रेजों की 'फूट डालो और राज करो' – की नीति, तब तक सफल नहीं हो सकती जब तक हमारे बीच ऐसे तत्त्व न हों जो यह विभाजन सम्भव करा सकें और यदि यह नीति इतने लम्बे समय तक सफल रही तो इसका अर्थ है कि हमारे बीच विभाजन करने वाले तत्व ऐसे हैं, जिनमें कभी सामंजस्य स्थापित नहीं हो सकता और वो क्षणिक नहीं हैं। हिन्दुओं और मुसलमानों के बीच क्या है, यह केवल एक अन्तर का मामला नहीं है और यह कि इस शत्रुता को भौतिक कारणों से नहीं जोड़ा जाना चाहिए। यह अपने चरित्र में आध्यात्मिक है। यह उन कारणों से बनता है जो ऐतिहासिक, धार्मिक, सांस्कृतिक और सामाजिक प्रतिकार में अपना मूल

पाते हैं। जिनमें से राजनीतिक प्रतिकार केवल एक प्रतिबिम्ब है। हिन्दुओं और मुसलमानों के बीच इस प्रतिकार के चलते एकता की अपेक्षा करना अस्वाभाविक है। नीति से ध्यान हटाकर उसे रणनीति पर केंद्रित करने का समय अब आ चुका है।

गांधी जी ने हिन्दू मुस्लिम एकता की तो बात की, परन्तु हिन्दू मुस्लिम शत्रुता के उन बिन्दुओं पर कभी चर्चा नहीं की जो इन दोनों समुदायों का भारतवर्ष में एक साथ न रहने देने के लिए प्रेरित करते आए थे। यह वही कारण थे जिन्होंने मुगलों के शासन काल में भी हिन्दुओं पर अत्याचार करने के लिए मुसलमानों को प्रेरित किया था और अंग्रेजों के काल में भी मुसलमानों को हिन्दुओं से अलग रहने की प्रेरणा देते रहे थे।

वास्तव में गांधी जी एक ऐसे वैद्य थे जो रोग के मर्म को न समझकर अपनी ओर से रोगी को जबरदस्ती एक ऐसी दवा देने का प्रयास कर रहे थे जो वास्तव में उसे और भी अधिक रोगी बनाती , परन्तु गांधीजी कहे जा रहे थे कि तुम दवाई लेकर तो देखो, तुम ठीक हो जाओगे।

मुस्लिम और राष्ट्रीय स्वाधीनता संग्राम

हमें यह ध्यान रखना चाहिए कि कांग्रेस के प्रारम्भिक काल में तो मुसलमान कांग्रेसी मंचों पर दिखाई दिए , पर धीरे – धीरे जैसे कांग्रेस आगे बढ़ती गई वैसे – वैसे ही मुसलमानों का कांग्रेस से मोहभंग होता चला गया। कुछ कालोपरान्त जब मुसलमानों को यह लगने लगा कि अब कांग्रेस का उद्देश्य भारत की स्वाधीनता प्राप्त करना हो गया है तो वे कांग्रेसी मंचों से ओझल होते चले गए। मौलाना अबुल कलाम आजाद जैसे कुछ गिने – चुने मुस्लिम चेहरे यदि 1947 या उसके बाद भी कांग्रेस में दिखाई दिए तो उनकी सोच भी राष्ट्रवादी सोच नहीं थी। देश से पहले उनके लिए अपना संप्रदाय था। हमें यह ध्यान रखना चाहिए कि देश के क्रान्तिकारी आन्दोलन के साथ काम करने वाले मुसलमानों की संख्या तो सर्वथा नगण्य ही थी।

कांग्रेस के पहले अधिवेशन की रिपोर्ट करते हुए, 'द टाइम्स ऑफ इंडिया' ने 5 फरवरी, 1886 को कहा, "केवल एक 'महान जाति' की अनुपस्थिति विशिष्ट रही भारत के मुसलमान वहाँ नहीं थे। वे अपने अभ्यस्त अलगाव में बने रहे।"

इस टिप्पणी में बहुत कुछ अंतर्निहित है मुसलमानों को कांग्रेस के नेता भी 'महान जाति' मानते थे, गांधीजी इस्लाम को एक 'मजबूत धर्म' मानते थे। यहाँ पर टिप्पणीकार कह रहा है कि 'एक महान जाति' कांग्रेस के मंच पर उपस्थित नहीं थी , साथ ही उसने यह भी स्पष्ट कर दिया है कि वह अपने 'अभ्यस्त अलगाव' में थी अर्थात उन्हें आदतन कांग्रेस के इस मंच पर नहीं रहना था। उनका स्वभाव है कि जब तक अपने स्वार्थों की पूर्ति की बात हो , तब तक साथ बने रहो और जब बात राष्ट्र की होने लगे तो चुपचाप खिसक लो।

मुस्लिम समाज और ब्रिटिश शासक

मुस्लिमों द्वारा कांग्रेस के किसी भी कार्यक्रम या किसी भी योजना का पूर्ण बहिष्कार करने का प्रचार किया गया। इसके पीछे भी कारण यही था कि मुसलमानों को अपने हित ब्रिटिश शासकों की चाटुकारिता करने में अधिक दिखाई दे रहे थे। उनके द्वारा कांग्रेस के मंचों के पूर्ण बहिष्कार का जितना ही अधिक प्रचार किया जाता था, कांग्रेसी नेता उतने ही अधिक विचलित होते जाते थे। कांग्रेस की बढ़ती विचलन से मुस्लिम समाज के तत्कालीन नेता बड़े खुश होते थे। धीरे – धीरे उन्होंने कांग्रेस की विचलन के सामने अपनी इच्छाएं रखनी आरंभ कीं। कांग्रेस उनकी इच्छाओं को पूर्ण करने के लिए अपनी ओर से 'बोली' लगाती चली गई। जब गांधी जी ने मंच संभाला तो कांग्रेस ने तेजी से अपना सिर मुसलमानों के जबड़े के बीच में रख दिया। उसका परिणाम यह निकला कि मुसलमानों ने एक देश अलग लेकर कांग्रेस के सिर के बदले में भारत का शीश ही चबा लिया।

जब कुछ मुस्लिम प्रतिनिधि कलकत्ता (1886) में दूसरे कांग्रेस अधिवेशन में भाग लेने गए, तो उन्हें अन्य मुस्लिमों ने बताया कि "हिंदू हमसे आगे हैं।

हम उनसे पिछड़ रहे हैं। हम अभी भी सरकार का संरक्षण चाहते हैं और उनसे (हिंदुओं से) जुड़कर हम कुछ हासिल नहीं कर पाएँगे।''

मुस्लिम वकील बद्रुद्दीन तैय्यबजी द्वारा कांग्रेस की अध्यक्षता (मद्रास, 1888) का पुरजोर स्वागत किया गया था। तैय्यबजी ने 18 फरवरी 1888 को सर सैय्यद अहमद खान को लिखे एक पत्र में अपने वास्तविक मंतव्य

को स्पष्ट किया, 'कांग्रेस से आपकी आपत्ति यह है कि 'यह भारत को एक राष्ट्र मानती है।' अब मुझे पूरे भारत में किसी ऐसे व्यक्ति के बारे में नहीं पता, जो इसे एक राष्ट्र के रूप में मानता हो। यदि आपने मेरे उद्घाटन संबोधन को देखा हो, तो आप यह स्पष्ट रूप से पायेंगे कि भारत में कई समुदाय या राष्ट्र अपनी स्वयं की विशिष्ट समस्याओं के साथ विद्यमान हैं। उदाहरण के लिए विधान परिषदों को ही लीजिए। यदि एक निकाय के रूप में मुसलमानों को यह पसंद नहीं है कि सदस्यों को चुना जाए तो वे आसानी से इस प्रस्ताव को बदल सकते हैं और अपने हितों के अनुकूल बना सकते हैं। इसलिए, मेरी नीति भीतर से कार्य करने की होगी बजाय कि बाहर रहकर करने की"। 22 जनवरी 1888 को तैय्यबजी को लिखे एक पत्र में, ह्यूम ने लिखा, "अगर हमें सफल होना है तो हमारे पास एक मुस्लिम अध्यक्ष होना चाहिए और वह अध्यक्ष स्वयं आपको होना चाहिए। यह माना जाता है कि आपके अध्यक्ष होने से , सैयद अहमद के निन्दा –भाषणों का उत्तर भारत के मुस्लिमों पर कोई प्रभाव नहीं होगा।''

तैय्यब का वह घातक प्रस्ताव

'पायोनियर' पत्र के सम्पादक को लिखे एक पत्र में, तैय्यबजी ने वर्णन किया कि किस तरह उन्होंने कांग्रेस के संविधान में निम्नलिखित नियम को समाहित करने के लिए पार्टी को बाध्य किया, ''मुस्लिम प्रतिनिधियों के मामले में सर्वसम्मति से या लगभग एकमत से किसी भी विषय की प्रस्तावना या किसी भी प्रस्ताव के पारित होने में किसी आपत्ति के आने पर, इस तरह के विषय या प्रस्ताव को छोड़ दिया जाना चाहिए।''

ध्यान रहे कि कांग्रेस के विधान में आए इसी प्रावधान के चलते आगे चलकर मुसलमानों ने जहाँ –जहाँ भी भारतीयता के साथ अपने आपको असहज अनुभव किया , वहीं – वहीं 'पर्सनल ला' की दुहाई देकर वे भागते हुए दिखाई दिए। 'वन्देमातरम' को न गाने की जिद और उस पर कांग्रेस की तुरन्त सहमति आना या गांधीजी का मुसलमानों को इस पर समर्थन मिलना इसी प्रावधान से जन्मी एक राष्ट्र विरोधी भावना थी।

कांग्रेस के भीतर यदि यह कुसंस्कार पाया जाता है कि वह राष्ट्रविरोधी तत्वों को भी 'राष्ट्रवादी' कहकर आज भी पुरस्कृत करती है और चोर,

लफंगे, बदमाश राजा और न्यायाधीश सभी को एक साथ बैठाकर अपनी 'राष्ट्रीय सोच' का परिचय देती है तो उसके पीछे यही राष्ट्रघाती प्रावधान एकमात्र कारण है। इस प्रकार की सोच को गांधी जी ने दूध पिला –पिलाकर बड़ा किया।

मुस्लिमों को कांग्रेस से सदा दूर रखने के लिए अंग्रेजों ने भी उनकी पीठ थपथपाने में कभी कमी नहीं छोड़ी। उनके भीतर पाए जाने वाले 'अलगाववादी कुसंस्कार' को हवा देना वैसे भी अंग्रेजों के लिए कोई बड़ी बात नहीं थी।

यह एक सर्वमान्य सत्य है कि हवा वहीं दी जा सकती है जहाँ पहले से ही अलगाववाद का कीटाणु उपलब्ध हो।

1885 से 1919 तक कांग्रेस की मुस्लिम तुष्टिकरण की नीति उसके एक सिद्धांत के रूप में परिवर्तित हो गई। यही वह काल था जब गांधीजी ने कांग्रेस के मंच पर अपनी भूमिका निर्वाह करनी आरम्भ की थी। कांग्रेस के नेता गांधीजी और उनके साथी मुस्लिम तुष्टीकरण के माध्यम से मुस्लिम अलगाववादी नेताओं का मूल्य लगाते गए और वह अपना मूल्य बढ़ाते चले गए। भरसक प्रयास करने के उपरान्त भी गांधी जी और उनके साथी मुस्लिमों की राष्ट्र के प्रति निष्ठा को प्राप्त करने में असफल रहे। उधर अंग्रेज इस स्थिति का लाभ उठाने की हर संभव चेष्टा करते थे। मानो वह उन क्षणों की प्रतीक्षा कर रहे होते थे जब मुस्लिम अलगाववादी नेता कॉन्ग्रेस से किसी बात पर दूर भागें और अपनी कीमत वसूलने के लिए कांग्रेस के सामने अपनी कोई शर्त रखें।

ऐसी स्थिति में ब्रिटिश सरकार सदा मुस्लिमों का पक्ष लेती थी। जिससे उनकी शर्त का मूल्य बढ़ जाता था। कांग्रेस के नेता अपनी कुसंस्कारी भावना से प्रेरित होकर मुस्लिम लीग या किसी भी अलगाववादी मुस्लिम नेता के सामने डट कर खड़े होने की अपेक्षा झुक जाना अच्छा मानते थे और कांग्रेस की यही वह कमजोर नस थी जिससे मुस्लिम लीग को और भी अधिक ऊर्जा मिल जाती थी।

हमारे देश के क्रान्तिकारी नेता और वीर सावरकर जी जैसे हिन्दूवादी नेता मुस्लिम लीग , कांग्रेस और ब्रिटिश सरकार की इस राष्ट्र विरोधी नीति का दूर से बैठकर बड़ी गम्भीरता से अध्ययन कर रहे थे। वह समझ

रहे थे कि उसका अन्तिम परिणाम क्या होगा? वे इन तीनों की राष्ट्र विरोधी नीतियों का जितना ही अधिक विरोध करते थे ,ये तीनों मिलकर उतने ही अधिक उन हिन्दूवादी या क्रान्तिकारी नेताओं के विरोध में 'एक' होते जाते थे। इन तीनों ने मिलकर ऐसी परिस्थितियां बना दी थीं कि जैसे ये स्वयं तो राष्ट्रवादी हैं और जो वास्तव में राष्ट्रवादी थे वे राष्ट्र विरोधी हैं। सत्ता विरोधियों को इन तीनों ने राष्ट्र विरोधी घोषित किया और उनके द्वारा लिखा गया इतिहास भी उन्हें इसी दृष्टि से देखता रहा है। दुर्भाग्य से वही सोच इतिहास पर आज भी स्पष्ट देखी जा सकती है। मुस्लिम नेताओं ने अपनी अखिल–इस्लामिक योजनाओं को सिरे चढ़ाने के लिए स्वतन्त्रता संग्राम का लाभ उठाया और गांधी जी ने उन्हें ऐसा लाभ उठाने दिया।

15.
गांधीजी और गांधीवादी नेहरु

गांधीजी से मिला हुआ 'हिन्दू विरोध' कांग्रेस का मौलिक संस्कार है -- अनेकों प्रकरणों , प्रसंगों , सन्दर्भों से यह बात अब पूर्णतया सिद्ध हो चुकी है। यदि अपने देश की संस्कृति से प्यार करना और उसके लिए संघर्ष करने की प्रवृत्ति गाँधीजी की कांग्रेस की रही होती तो निश्चित है कि वह देश विरोधी मुस्लिम लीग के सामने न तो आत्मसमर्पण करती और न ही तुष्टीकरण कर उसके तलवे चाटती। तब न देश का विभाजन होता और न ही लाखों – करोड़ों लोगों को अपने जीवन से हाथ धोना पड़ता।

देश का यह सचमुच दुर्भाग्य रहा कि आजादी के बाद पहले प्रधानमंत्री पण्डित जवाहरलाल नेहरू बने। जिनके बारे में पूर्व प्रधानमंत्री मोरार जी देसाई ने अपनी किताब "मेरा जीवन वृत्तान्त" में पृष्ठ संख्या 456 पर लिखा है कि – 'पता नही क्यों नेहरु को हिन्दू धर्म के प्रति एक पूर्वाग्रह था?' सारा देश अब जान गया है कि पण्डित जवाहरलाल नेहरू को देश का प्रधानमंत्री बनाने में गांधी जी की विशेष भूमिका रही थी , जबकि देश और यहाँ तक कि कॉन्ग्रेस का बहुमत भी सरदार वल्लभभाई पटेल को देश का पहला प्रधानमंत्री देखना चाहता था।

'हिन्दू कोड बिल' और पण्डित नेहरु

'हिन्दू कोड बिल' को लाकर पण्डित जवाहरलाल नेहरू ने उस समय हिन्दुओं की आस्था को चोट पहुँचाने का काम किया था। यद्यपि उसे वह सरदार पटेल के जीवित रहते हुए लाने का साहस नहीं कर पाए थे। नेहरू 'हिन्दू कोड बिल' को सरदार पटेल के जीते जी लाने का साहस क्यों नहीं कर पाए थे? – इसका भी रोचक तथ्य हमें मोरारजी देसाई से ही पता चलता है। मोरारजी देसाई अपनी उपरोक्त पुस्तक में आगे लिखते हैं कि नेहरु ने हिन्दुओं को दोयम दर्जे का नागरिक बनाने के

लिए 'हिन्दू कोड बिल ' लाने की बड़ी कोशिश की थी, लेकिन सरदार पटेल ने नेहरु को चेतावनी देते हुए कहा था कि यदि मेरे जीते जी आपने 'हिन्दू कोड बिल' के बारे में सोचा तो मैं कांग्रेस से त्यागपत्र दे दूंगा और इस बिल के विरुद्ध सड़कों पर हिन्दुओं को लेकर उतर जाऊँगा, फिर पटेल की धमकी से नेहरु जी डर गये थे और उन्होंने सरदार पटेल जी के देहावसान के बाद 'हिन्दू कोड बिल' संसद में पास किया था।

डॉ राजेंद्र प्रसाद की निर्भीकता

सरदार पटेल तो चले गए परन्तु उसके पश्चात देश के राष्ट्रपति डॉ राजेंद्र प्रसाद ने अपने स्तर पर इस 'हिन्दू कोड बिल' का भरपूर विरोध किया था। उन्होंने इस पर हस्ताक्षर करने से एक बार इनकार कर दिया था , यद्यपि संवैधानिक बाध्यता के चलते दूसरी बार उन्हें इस पर हस्ताक्षर करने पड़े थे। तब भी उन्होंने बड़ी निर्भीकता से यह कहा था कि इस पर देश का राष्ट्रपति हस्ताक्षर कर रहा है , डॉक्टर राजेंद्र प्रसाद नहीं। डॉ राजेंद्र प्रसाद ने ऐसा विरोध करके नेहरू को यह बताने का प्रयास किया था कि वह इस बिल को लाकर देश की आत्मा के साथ छेड़छाड़ कर रहे हैं। साथ ही यह भी कि यदि आज सरदार पटेल नहीं हैं तो भी इसका कड़ा विरोध करने के लिए मैं जीवित हूँ।

मोरारजी देसाई आगे लिखते हैं कि इस बिल पर चर्चा के दौरान आचार्य जे.बी. कृपलानी ने नेहरु को 'कौमवादी और मुस्लिमपरस्त' कहा था। उन्होंने कहा था कि आप हिन्दुओं को धोखा देने के लिए ही जनेऊ पहनते हो, अन्यथा आपमें हिन्दुओं वाली कोई बात नहीं है। यदि आप सच में धर्म निरपेक्ष होते तो हिन्दू कोड बिल के बजाय सभी धर्मो के लिए 'कामन कोड बिल' लाते।"

इस प्रकार आचार्य जे.बी. कृपलानी ने गांधीवादी नेहरू की पोल उस समय भरी संसद के बीच ही खोल दी थी। यह अलग बात है कि निर्लज्जता की सभी सीमाओं को त्यागकर काम करने वाले कांग्रेसियों को इसके पश्चात भी वैसे ही कोई शर्म नहीं आई थी जैसे आज उसके नेता देश विरोधी लोगों का समर्थन कर देश में अराजकता को पैदा करने वाली ताकतों को प्रोत्साहित करके भी शर्म के स्थान पर गर्व अनुभव कर रहे हैं और इसे ही इस देश की आत्मा कहने का मूर्खतापूर्ण कार्य कर

रहे हैं। इससे पता चलता है कि गांधीजी और नेहरू के माध्यम से आज की कांग्रेस और आज के गांधीवादी भी ऊर्जा प्राप्त कर रहे हैं।

सोमनाथ मंदिर के पुनर्निर्माण पर गांधीजी का विरोध

सरदार वल्लभ भाई पटेल के विशेष प्रयासों से पण्डित जवाहरलाल नेहरू के मंत्रीमण्डल ने सोमनाथ मन्दिर के जीर्णोद्धार का ऐतिहासिक प्रस्ताव पारित किया था। यह बहुत बड़ी बात थी कि सरदार वल्लभभाई पटेल ने गांधीवादी पण्डित जवाहरलाल नेहरू को भी इस बात के लिए तैयार कर लिया था कि सोमनाथ मन्दिर का सरकारी व्यय पर पुनर्निर्माण हो। नेहरू सरकार के इस ऐतिहासिक निर्णय की जानकारी जब सरकार के पिता (राष्ट्रपिता नहीं) गाँधीजी को हुई तो उन्होंने अपना विशेषाधिकार प्रयोग किया और इस महान ऐतिहासिक कार्य में अड़ंगा डाल दिया। गांधीजी ने अपनी संविधानेत्तर शक्तियों का प्रयोग करते हुए और राष्ट्र की आत्मा के साथ खिलवाड़ करते हुए सोमनाथ मन्दिर पर सरकारी व्यय के प्रस्ताव को निरस्त करवाया।

यह तथ्य तब और भी अधिक दुखदायी बन जाता है जब गाँधीजी के विषय में हमें पता चलता है कि उन्होंने 13 जनवरी 1948 को आमरण अनशन के माध्यम से सरकार पर दिल्ली की मस्जिदों का सरकारी खर्चे से पुनर्निर्माण कराने के लिए दबाव डाला था। उनके लिए सोमनाथ मंदिर के जीर्णोद्धार का कार्य तो सरकारी खजाने से किया जाना एक 'पाप' था , जबकि मस्जिदों का पुनर्निर्माण सरकारी खर्चे से किया जाना पूर्णतया 'पुण्य' कार्य था।

बाद में कांग्रेसी सरकारों के लिए भारत में धर्मनिरपेक्षता की परिभाषा यही हो गई कि मन्दिरों का विनाश करो और मस्जिदों का उद्धार करो। सरकारी खर्चे से मस्जिद बनाई जा सकती है, लेकिन मंदिर नहीं। यह देश के धर्मनिरपेक्ष स्वरूप के अनुरूप माना गया। स्वाधीनता प्राप्ति के पश्चात का इतिहास गांधीवाद की इसी छाया से विनिर्मित हुआ है।

"पाकिस्तान को दो 55 करोड रुपए"

देश के विभाजन के समय पाकिस्तान से आए हिन्दुओं को भारी त्रासदी का सामना करना पड़ा था। उनकी करुणा भरी कथाओं को सुन

या जानकर आज भी लोगों के रोंगटे खड़े हो जाते हैं। परंतु 'महात्मा' का हृदय उनके करुण क्रंदन को सुनकर और देख कर भी नहीं पसीजा था। वैसे एक महात्मा से यह अपेक्षा की जाती है कि वह बहुत ही सहज हृदय से द्रवित होकर लोगों के प्रति करुणा से भर उठता है। हमें पता चलता है कि पाकिस्तान से आए विस्थापित हिन्दुओं ने दिल्ली की खाली मस्जिदों में शरण ली तो गान्धीजी ने उन हिन्दुओं को मस्जिदों से बाहर निकल जाने का आदेश दिया , क्योंकि किसी 'काफिर' के मस्जिद में जाने से उनकी पवित्रता भंग होने का खतरा 'महात्मा जी' को था। उन लोगों ने दिसम्बर की ठिठुरती हुई रातों में अपना समय कैसे काटा होगा? यह केवल वही जानते होंगे।

22 अक्तूबर 1947 को पाकिस्तान ने काश्मीर पर आक्रमण कर दिया, उससे पूर्व माउँटबेटन ने भारत सरकार से पाकिस्तान सरकार को 55 करोड़ रुपए की राशि देने का परामर्श दिया था। जब पाकिस्तान ने भारत पर आक्रमण कर दिया तो नेहरू सरकार ने यह सराहनीय निर्णय लिया कि अब पाकिस्तान को उसके 55 करोड रुपए नहीं दिए जाएंगे। इस पर गांधीजी की आत्मा 'कराह' उठी। मजहब के नाम पर देश के विभाजन के दोषी पाकिस्तान के शासकों ने गांधी पर पता नहीं कैसा जादू फेर रखा था कि उनके लाख पापों के उपरान्त भी वह उन्हें क्षमा करने को तैयार रहते थे। जबकि हिन्दू समाज को वह सदा दण्डित करने की बात सोचते थे। यही कारण था कि जब गांधी जी को सरकार के इस निर्णय की जानकारी हुई तो वे उसी समय पाकिस्तान को 55 करोड़ दिलवाने के लिए सरकार पर दबाव बनाने के उद्देश्य से प्रेरित होकर आमरण अनशन पर बैठ गए। उनके आमरण अनशन से नेहरू सरकार दबाव में आ गई और यह राशि पाकिस्तान को दे दी गयी।

कांग्रेस के लोग आज भी पाकिस्तान के गीत गाते मिल जाते हैं। सचमुच सावधान रहने की आवश्यकता है। चाल, चरित्र और चेहरा तो पढ़ना ही है साथ ही इनका इतिहास भी पढ़ना है, तभी देश बच पाएगा। देश के नए इतिहास में इन तथ्यों का उल्लेख किया जाना बहुत आवश्यक है।

16.
गांधीवाद और डॉक्टर अम्बेडकर

आजकल 'सोशल मीडिया' पर ऐसी पोस्ट अक्सर आपको पढ़ने को मिल जाएंगी जिनको देखकर लगता है जैसे डॉ अम्बेडकर जी मुस्लिम धर्म की मान्यताओं से बहुत अधिक सहमत थे और मुस्लिम व दलित समाज के लोग ही वास्तविक भारतीय हैं जबकि शेष सभी लोग विदेशी हैं। ऐसी पोस्ट डालने वाले माँ भारती से द्वेष रखते हैं जो कि जानबूझकर देश में ऐसा परिवेश सृजित कर रहे हैं कि बाबा साहेब भीमराव अम्बेडकर के विषय में ऐसा लगने लगे जैसे वह कि ब्राह्मण विरोधी और मुस्लिम प्रेमी थे। जबकि सच इसके विपरीत है। बाबासाहेब ने जहाँ तथाकथित उस ब्राह्मणवाद का विरोध किया जो किसी वर्ग विशेष के अधिकारों का हनन करने की व्यवस्था करता था वहीं उन्होंने वंचित और दलित समाज को मुस्लिमों के जाल में न फंसने के लिए भी समय.समय पर आवश्यक चेतावनी दी। उन्होंने अपनी प्रसिद्ध पुस्तक "थॉट्स ऑन पाकिस्तान" में पाकिस्तान के बनाने में मुस्लिमों के विचारों की गहन समीक्षा की।

जो लोग आज हरिजनों को मुस्लिम प्रेम का पाठ पढ़ा रहे हैं और इस सारे कार्य को बाबासाहेब अम्बेडकर के विचारों के अनुकूल सिद्ध करने का प्रयास कर रहे हैं' उन्हें यह पुस्तक अवश्य पढ़नी चाहिए। इसके साथ – साथ जो लोग इस प्रकार के षड़यंत्र को भारत में असफल करना चाहते हैं उन्हें भी तर्क देने के लिए इस पुस्तक का अध्ययन करना चाहिए। क्योंकि इसमें बाबासाहेब अम्बेडकर जी ने बहुत कुछ ऐसा स्पष्ट किया है जो आज भी उतना ही प्रासंगिक है, जब यह पुस्तक लिखी गई थी। सचमुच इस पुस्तक में उन्होंने बहुत कुछ स्पष्ट किया है।

मुस्लिम भाईचारा केवल मुसलमानों के लिए है

मुस्लिमों के भ्रातृभाव की चर्चा अक्सर होती है और इस मजहब को अमन का धर्म सिद्ध करने का भी प्रयास किया जाता है। जबकि सच यह

है कि मुस्लिमों का भाईचारा सार्वभौम नहीं है और ना ही यह सार्वजनीन है। यह एक मुस्लिम का दूसरे मुस्लिम के प्रति है' इससे अन्यत्र किसी काफिर या विधर्मी के लिए नहीं।

अपनी उपरोक्त पुस्तक में बाबासाहेब लिखते हैं ''इस्लाम एक बंद निकाय की तरह है' मुसलमानों और गैर मुसलमानों के बीच जो भेद यह करता है वह बिल्कुल मूर्त और स्पष्ट है। इस्लाम का भ्रातृभाव मानवता का भ्रातृत्व नहीं है। मुसलमानों का मुसलमानों से ही भ्रातृभाव मानवता का भ्रातृत्व नहीं है। मुसलमानों का मुसलमानों से ही भ्रातृत्व है। यह बंधुत्व है' परन्तु इसका लाभ अपने ही निकाय के लोगों तक सीमित है और जो इस निकाय से बाहर हैं' उनके लिए इसमें सिर्फ घृणा और शत्रुता ही है। इस्लाम का दूसरा अवगुण यह है कि यह सामाजिक स्वशासन की एक पद्धति है और स्थानीय स्वशासन से मेल नहीं खाताए क्योंकि मुसलमानों की निष्ठा जिस देश में वे रहते हैं उसके प्रति नहीं होती बल्कि वह उस धार्मिक विश्वास पर निर्भर करती है जिसका कि वे एक हिस्सा हैं। एक मुसलमान के लिए इसके विपरीत या उल्टे सोचना अत्यन्त दुष्कर है। जहाँ कहीं इस्लाम का शासन हैए वहीं उसका अपना विश्वास है। दूसरे शब्दों मेंए इस्लाम सच्चे मुसलमानों को भारत को अपनी मातृभूमि और हिन्दुओं को अपना निकट सम्बन्धी मानने की इजाजत नहीं देता। सम्भवतः यही वजह थी कि मौलाना मुहम्मद अली जैसे एक महान भारतीय परन्तु सच्चे मुसलमान नेए अपनेए शरीर को हिन्दुस्तान की बजाए येरूसलम में दफनाया जाना अधिक पसंद किया।''

बाबा साहेब की इस चेतावनी को हमारे दलित भाइयों को इस समय अवश्य समझना चाहिए। जिन लोगों ने 1947 में इस चेतावनी को नहीं समझा था उन्होंने पाकिस्तान या बांग्लादेश में जाकर या रहकर इसके घातक परिणाम भुगतकर देख भी लिए हैं। इतना ही नहीं अभी हरियाण ाा के मेवात में जो कुछ हमारे हरिजन भाइयों के साथ मुस्लिमों ने किया है वह भी इसी असावधानी का परिणाम है कि लोगों ने बाबा साहेब की चेतावनी को समझा नहीं।

राष्ट्रीय मुसलमान होना भ्रामक है

कांग्रेस ने हिन्दू महासभा जैसे राष्ट्रवादी संगठनों के राष्ट्रवादी विचारों

का उपहास उड़ाते हुए उस समय कुछ मुस्लिमों के राष्ट्रवादी मुसलमान होने का भी एक पाखण्ड रचा था। जो लोग कांग्रेसी मंच पर आकर हिन्दू महासभा या भारतवर्ष की संस्कृति और इतिहास नायकों को गाली देते थे उन्हें कांग्रेस के लोग महिमामण्डित करते हुए राष्ट्रवादी मुसलमान होने की संज्ञा दिया करते थे। ऐसे राष्ट्रवादी मुसलमानों के लिए इतना होना ही पर्याप्त था कि वे मुस्लिम लीगी न होकर कांग्रेस के होने का नाटक करते थे। यद्यपि अपने अन्तर्मन से वह मुस्लिम लीग का भी कहीं ना कहीं समर्थन करते पाए जाते थे। कांग्रेस की विचारधारा दोगली रही। अतः कांग्रेस के मंच भी इस दोगलेपन से अछूते नहीं थे। यही कारण था कि कांग्रेस के मंचों पर छद्मवेशी लोग अपने आपको राष्ट्रवादी कहते रहे और कांग्रेस उन्हें राष्ट्रवादी होने का प्रमाण पत्र देती रही। यद्यपि इसी समय इन छद्मवेशियों को पहचानने में यदि कोई व्यक्ति सबसे अधिक सफल हो रहा था तो वह बाबा साहेब भीमराव अम्बेडकर थे।

इस सन्दर्भ में उन्होंने लिखा "लीग को बनाने वाले साम्प्रदायिक मुसलमानों और राष्ट्रवादी मुसलमानों के अन्तर को समझना कठिन है। यह अत्यन्त सन्दिग्ध है कि राष्ट्रवादी मुसलमान किसी वास्तविक जातीय भावनाए लक्ष्य तथा नीति से कांग्रेस के साथ रहते हैं जिसके फलस्वरूप वे मुस्लिम लीग् से पृथक पहचाने जाते हैं। यह कहा जाता है कि वास्तव में अधिकांश कांग्रेसजनों की धारणा है कि इन दोनों में कोई अन्तर नहीं है और कांग्रेस के अन्दर राष्ट्रवादी मुसलमानों की स्थिति साम्प्रदायिक मुसलमानों की सेना की एक चौकी की तरह है। यह धारणा असत्य प्रतीत नहीं होती। जब कोई व्यक्ति इस बात को याद करता है कि राष्ट्रवादी मुसलमानों के नेता स्वर्गीय डॉ. अंसारी ने साम्प्रदायिक निर्णय का विरोध करने से इंकार किया था यद्यपि कांग्रेस और राष्ट्रवादी मुसलमानों द्वारा पारित प्रस्ताव का घोर विरोध होने पर भी मुसलमानों को पृथक निर्वाचन उपलब्ध हुआ।

भारत में इस्लाम का बीजारोपण मुस्लिम आक्रान्ताओं की देन

भारत में मुस्लिम आक्रमणकारियों के अत्याचारों पर वर्तमान इतिहास या तो मौन साध जाता है या उनका वर्णन कुछ इस प्रकार करता है

कि उस समय इस प्रकार की बर्बरता शासकों में सर्वत्र पाई जाती थी अर्थात मुस्लिमों का उस समय बर्बर होना कोई बड़ी बात नहीं थी। संपूर्ण संसार में ऐसा होना उस समय का एक प्रचलन था। इस प्रकार के इतिहास लेखन से हिंदू समाज के लोग भ्रमित हो जाते हैं। उन्हें लगता है कि शायद उस काल के विषय में यही सत्य है। वर्तमान इतिहास में कुछ ऐसे भी भ्रम पैदा किए गए हैं जिनसे लगता है कि मुस्लिम आक्रमण ाकारी भारत में इस्लाम के जनक नहीं थे। उन्होंने अपनी तलवार के बल पर इस्लाम को भारत में नहीं फैलाया। इसके विपरीत सत्य यह है कि धीरे–धीरे जब इस्लाम भारत के वैदिकधर्मियों के सम्पर्क में आया तो उन्हें लगा कि इस्लाम के भीतर बहुत सारे ऐसे गुण हैं जो उनके स्वयं के धर्म में भी नहीं मिलते। फलस्वरूप उन्होंने स्वेच्छा से इस्लाम स्वीकार किया।

इस भ्रांति का निवारण करते हुए भीमराव अम्बेडकर जी लिखते हैं – 'मुस्लिम आक्रान्ता निस्संदेह हिन्दुओं के विरुद्ध घृणा के गीत गाते हुए आए थे। परन्तु वे घृणा का वह गीत गाकर और मार्ग में कुछ मन्दिरों को आग लगा कर ही वापस नहीं लौटे। ऐसा होता तो यह वरदान माना जाता। वे ऐसे नकारात्मक परिणाम मात्र से सन्तुष्ट नहीं थे। उन्होंने इस्लाम का पौधा भारत में लगाते हुए एक सकारात्मक कार्य भी किया। इस पौधे का विकास भी उल्लेखनीय है। यह ग्रीष्म में रोपा गया कोई पौधा नहीं है। यह तो ओक यबांजद्ध वृक्ष की तरह विशाल और सुदृढ़ है। उत्तरी भारत में इसका सर्वाधिक सघन विकास हुआ है। एक के बाद हुए दूसरे हमले ने इसे अन्यत्र कहीं भी अपेक्षाकृत अपनी याद से अधिक भरा है और उन्होंने निष्ठावान मालियों के तुल्य इसमें पानी देने का कार्य किया है। उत्तरी भारत में इसका विकास इतना सघन है कि हिन्दू और बौद्ध अवशेष झाड़ियों के समान होकर रह गए हैं। यहाँ तक कि सिखों की कुल्हाड़ी भी इस ओक यबांजद्ध वृक्ष को काट कर नहीं गिरा सकी।'' पृष्ठ 49,

बात स्पष्ट है कि भारत में इस्लाम का प्रचार प्रसार और विस्तार इस्लाम की उस तलवार ने किया जो इस्लाम के तथाकथित बादशाहों के हाथों में रही या उनके उन सैनिकों के हाथों में रही जो उनके इशारे पर हिन्दुओं को लूटना और उनकी औरतों के साथ बलात्कार करना

या उन्हें बलात अपने घर में रखना अपना नैसर्गिक अधिकार मानते थे।

साम्प्रदायिक दंगे इस्लाम का मौलिक संस्कार

भारत में यदि निष्पक्ष रूप से साम्प्रदायिक दंगों का इतिहास लिखा जाए तो यह तथ्य स्थापित हो जाएगा कि भारत में साम्प्रदायिक दंगे उतने ही पुराने हैं जितना पुराना इस्लाम है। मुस्लिम बादशाहों या सुल्तानों के काल में सुनियोजित ढंग से होने वाले नरसंहार इन सांप्रदायिक दंगों का वह वीभत्स स्वरूप था जब हिंदू केवल और केवल एक असहाय और निरीह प्राणी के रूप में इनकी तलवार का शिकार बनता था' परन्तु उन अत्याचारों को भुला देने की बात वर्तमान इतिहास करता है। जिससे यह भ्रम स्थापित हो जाता है कि भारतवर्ष में साम्प्रदायिक दंगे तो अंग्रेजों या उसके बाद स्वतन्त्र भारत में होने आरम्भ हुए जब हिन्दुओं का शासन हुआ। इससे ऐसा लगता है कि जैसे भारतवर्ष में अंग्रेजों और हिन्दुओं ने ही मुसलमानों के विरुद्ध साम्प्रदायिक दंगे कराने आरम्भ किए। उससे पहले इस्लाम तो भाईचारे के आधार पर शासन कर रहा था। जिसका परिणाम यह भी हुआ है कि भारतवर्ष में हिन्दू समाज को हिंसक और असहिष्णु समाज के रूप में स्थापित करने की जोरदार वकालत होने लगी।

उससे पहले इस्लाम के शासनकाल में कहीं साम्प्रदायिक दंगों का कोई उल्लेख नहीं है। जो लोग इस प्रकार की मूर्खतापूर्ण बातें स्थापित कर इतिहास को भ्रम और सन्देह की पोटली बनाकर प्रस्तुत करते हैं, उन्होंने भारत के साथ बहुत बड़ा बड़ा धोखा किया है। क्योंकि उन्होंने ऐसी मान्यता को स्थापित कर भारत के अत्यन्त उदार और मानवता प्रेमी हिन्दू या वैदिक धर्म को असहिष्णु और दूसरों पर अत्याचार करने वाले समाज के रूप में स्थापित कर दिया है। जिससे मुस्लिमों की अंधी साम्प्रदायिक नीतियों और राजनीति को भी मानवता प्रेमी दिखाने में यह लोग किसी सीमा तक सफल हो गए हैं। बाबा साहेब भीमराव अम्बेडकर ने इस भ्रांति को तोड़ते हुए अपनी पुस्तक में लिखा :– तीसरी बात मुसलमानों द्वारा राजनीति में अपराधियों के तौर.तरीके अपनाया जाना है। दंगे इस बात के पर्याप्त संकेत हैं कि गुंडागर्दी उनकी राजनीति का एक स्थापित तरीका हो गया है।

दंगों को मुस्लिमों की गुंडागर्दी कहने का साहस कांग्रेस के गांधीजी और नेहरू नहीं कर पाए, परन्तु भीमराव अंबेडकर जी ऐसे पहले नेता हैं जिन्होंने मुस्लिमों के दंगा प्रेम को उनकी राजनीतिक गुंडागर्दी का नाम दिया।

बाबासाहेब का यथार्थवादी इतिहास दर्शन

इतिहास में ऐसे अनेकों उदाहरण हैं जब मुसलमानों ने हिन्दुओं के नरसंहार करने वाले लोगों को हिन्दुओं के द्वारा युद्ध क्षेत्र में मारे जाने पर शहीद का दर्जा दिया। आज हम उन्हें इतिहास में इसी नाम से सम्मान के साथ बुलाते हैं। इतिहासकारों की इसी सोच के चलते हमारे अनेकों वीर योद्धा जहाँ इतिहास में उपेक्षा की भट्टी में डाल दिए गए, वहीं जो लोग मानवता के हत्यारे रहे उन्हें सम्मान देने के लिए हम बाध्य कर दिए गए या कहिए कि अभिशप्त कर दिए गए। स्वामी श्रद्धानन्द जी जैसे आर्य संन्यासी के हत्यारे को गांधीजी ने 'भाई' कहकर सम्मान के साथ बुलाया। इसी प्रकार देश का बंटवारा करने वाले जिन्नाह को भी 'कायदे आजम' कहने वाले गांधी ही पहले व्यक्ति थे।

आज ऐसे अनेकों लोग हैं जो बाबासाहेब का नाम लेकर गांधी जी के इस हिन्दू विरोधी इतिहास दर्शन को उचित मानते हैं और कुछ ऐसा प्रदर्शन करते हैं जैसे अम्बेडकर जी भी गांधीजी के इस दृष्टिकोण से सहमत थे। जबकि सच यह है कि अम्बेडकर जी का इतिहास दर्शन नितान्त यथार्थ पर आधारित था। वह यथार्थवादी दृष्टिकोण के साथ इतिहास को समझने का प्रयास करते थे और इसी रूप में इतिहास को प्रस्तुत करना भी अपना नैतिक दायित्व समझते थे।

अपने इस इतिहास दर्शन को स्पष्ट करते हुए बाबासाहेब ने अपनी उपरोक्त पुस्तक में लिखा 'महत्व की बात यह है कि धर्मांध मुसलमानों द्वारा कितने प्रमुख हिन्दुओं की हत्या की गई? मूल प्रश्न है उन लोगों के दृष्टिकोण का, जिन्होंने यह अपराध किये। जहाँ कानून लागू किया जा सका वहाँ हत्यारों को कानून के अनुसार सजा मिली। तथापि प्रमुख मुसलमानों ने इन अपराधियों की कभी निन्दा नहीं की। इसके विपरीत उन्हें 'गाजी' बताकर उनका स्वागत किया गया और उनके क्षमादान के लिए आन्दोलन शुरू कर दिए गए। इस दृष्टिकोण का एक उदाहरण

लाहौर के बैरिस्टर मि. बरकत अली का है। जिसने अब्दुल कयूम की ओर से अपील दायर की। वह तो यहाँ तक कह गया कि कयूम नाथूराम की हत्या का दोषी नहीं है' क्योंकि कुरान के कानून के अनुसार यह न्यायोचित है। मुसलमानों का यह दृष्टिकोण तो समझ में आता है, परन्तु जो बात समझ में नहीं आती वह है श्री गांधी का दृष्टिकोण।

जब गांधी जी 'हिन्दू मुस्लिम भाई–भाई' का नारा लगा रहे थे तब बाबासाहेब यहाँ पर भी अपना वास्तविक और न्याय संगत दृष्टिकोण हिन्दू और मुसलमान के विषय में प्रस्तुत कर रहे थे। गांधीजी नितान्त काल्पनिक दृष्टिकोण को अपनाकर ऐसी दो विचारधाराओं को एक साथ बैठाने का प्रयास कर रहे थे, जिसमें दोनों का एक साथ बैठना सम्भव ही नहीं था। क्योंकि एक विचारधारा दूसरी विचारधारा को समाप्त कर सर्वत्र अपना परचम लहराना चाहती थी और दूसरी विचारधारा अपनी सहिष्णुता और उदारता के कारण उसे स्वीकार करना तो चाहती थी, परंतु इस शर्त पर ही स्वीकार करना चाहती थी कि वह अपनी परम्परागत कार्य नीति और कार्य योजना को छोड़े तो कोई बात बने।

इस पर गांधीजी का एक ही तर्क रहता था कि जैसे भी हो हिन्दुओं को मुसलमानों को गले लगाना ही चाहिए। वे अपनी प्रवृत्ति छोड़ें या न छोड़ें परन्तु हिन्दू उनके हाथों कटता व मिटता रहे और यह सब कुछ स्वीकार करके उन्हें गले लगाता रहे। इसके विपरीत डॉ अम्बेडकर एक व्यावहारिक दृष्टिकोण अपनाकर चलने वाले राजनीतिज्ञ थे। उन्होंने स्पष्ट रूप से अपनी उपरोक्त पुस्तक में यह लिखा कि हिन्दू और मुसलमान दोनों ही अलग.अलग प्रजातियां हैं। स्पष्ट है कि प्रजातियां अपना अलग–अलग अस्तित्व बनाए रखना चाहती हैं। यद्यपि वैदिक धर्म में विश्वास रखने वाले लोगों का मानवतावाद सबको गले लगाकर चलने में विश्वास रखता है , परन्तु यह मानवतावाद इतना सरल भी नहीं है कि जो इसको काट रहा हो यह उसे भी अपना मानने की मूर्खता करे। जो इसकी नीतियों में विश्वास रखता है और मानवतावाद को सर्वोपरि मानता है, उसके साथ यह अपना कलेजा सौंपकर चलने में विश्वास रखता है और जो कलेजा खाकर दूसरों को साथ लेने की बात करता हो, उससे यह वैसे ही दूरी बनाता है जैसे एक प्रजाति दूसरी जाति से

दूरी बनाती है।

बाबासाहेब ने इस विषय में स्पष्ट लिखा है कि – ''आध्यात्मिक दृष्टि से हिन्दू और मुसलमान केवल ऐसे दो वर्ग या सम्प्रदाय नहीं हैं जैसे प्रोटेस्टेंट्स और कैथोलिक या शैव और वैष्णव हों, बल्कि वे तो दो अलग.अलग प्रजातियां हैं?

17.
द्विराष्ट्रवाद और गांधी

2019 में केंद्र की मोदी सरकार के द्वारा जब लोकसभा में नागरिकता संशोधन विधेयक पारित किया गया तो कुछ बरसाती मेंढक बाहर आकर टर्राने लगे थे। इन मेंढकों की टर्राहट गृहमंत्री अमितशाह के उस बयान को लेकर अधिक थी जिसमें उन्होंने कहा था कि भारत का धर्म के आधार पर यदि विभाजन नहीं होता तो आज उन्हें इस विधेयक को लाने की आवश्यकता नहीं पड़ती।

संसद के बाहर लालकृष्ण आडवाणी के निकट माने जाने वाले सुधींद्र कुलकर्णी ने इस विधेयक का विरोध किया था। उन्होंने ट्वीट करके कहा है – ''संसद के इतिहास में शायद ही कभी हमने किसी वरिष्ठ मन्त्री को एक 'काले कानून' का बचाव करने के लिए इस प्रकार से सफेद झूठ बोलते देखा हो।''

वहीं, इतिहासकार एस इरफान हबीब ने ट्वीट करके लिखा, ''सदन में आप ऐसी बातें उस वक्त करते हैं, जब आप तथ्यों पर आधारित इतिहास को पढ़ने या समझने की जहमत नहीं उठाते।''

एक अंग्रेजी अखबार ने विनायक दामोदर सावरकर के 1923 के लिखे निबन्ध 'हिन्दुत्व' का सन्दर्भ देकर बताया कि सावरकर ने पाकिस्तान के संस्थापक मोहम्मद अली जिन्ना से 17 वर्ष पहले 'द्विराष्ट्र सिद्धान्त' की बात की थी। वहीं, लोकसभा में कॉंग्रेस के मनीष तिवारी ने अमित शाह के उस दावे को अस्वीकार किया, जिसके अनुसार देश के विभाजन के लिए कांग्रेस उत्तरदायी थी। तिवारी ने कहा कि 'द्विराष्ट्र के सिद्धान्त' की बात सावरकर ने दी थी।

जब भी 'द्विराष्ट्रवाद' की बात चलती है तो अक्सर हिन्दू महासभा के नेता वीर सावरकर का नाम यह कहकर लिया जाता है कि उन्होंने 1923 में ' हिन्दुत्व' नामक जिस पुस्तक का लेखन किया था, उसमें ही

उन्होंने 'द्विराष्ट्र सिद्धान्त' की बात कही थी।

वीर सावरकर पर ऐसा आरोप लगाने वाले लोग यह भूल जाते हैं कि सावरकर जी ने अपनी इस पुस्तक में द्विराष्ट्रवाद के सिद्धान्त की बात तो की है, लेकिन उसका समर्थन नहीं किया है। 'अखण्ड भारत' के उपासक सावरकर जी 'द्विराष्ट्रवाद' के समर्थक कभी नहीं हो सकते थे और न ही उन्होंने इस पुस्तक में धर्म के आधार पर दो राष्ट्र के सिद्धान्त के प्रति अपनी सहमति व्यक्त की है।

सर सैयद अहमद खान और द्विराष्ट्रवाद का सिद्धान्त

वास्तव में जिन लोगों का गांधी जी और उनकी कांग्रेस सदा तुष्टीकरण करती रही और अपनी गलत नीतियों के द्वारा जिनका पक्षपोषण करते हुए उनका मूल्य बढ़ाती रही ,उन्हीं में से एक अलीगढ़ मुस्लिम विश्वविद्यालय के संस्थापक सर सैयद अहमद खान भारत में 'द्वि राष्ट्रवाद' के सिद्धान्त के प्रतिपादक थे।

इतिहास का यह भी एक दुर्भाग्यपूर्ण तथ्य है कि गांधी जी ने सदा ही द्विराष्ट्रवाद के समर्थक रहे सर सैयद अहमद खान और उन जैसे अन्य कई मुस्लिम नेताओं का कभी विरोध नहीं किया। यहाँ तक कि मां भारती के विभाजन की मांग करने वाले इन देशद्रोहियों के विरुद्ध कभी धरने या अनशन पर भी बैठने की इच्छा व्यक्त नहीं की। अपने इसी कुसंस्कार के चलते कांग्रेस आज भी 'टुकड़े–टुकड़े गैंग' के लोगों के विरुद्ध या 'भारत तेरे टुकड़े होंगे – इंशाअल्लाह– इंशाअल्लाह', कहने वाले लोगों के विरुद्ध न तो कठोर होती है ना कठोर कार्यवाही की मांग करती है। कांग्रेस के इसी कुसंस्कार से अनुमान लगाया जा सकता है कि वर्तमान भारत के इतिहास पर गांधीवाद की काली छाया कितना गहरा प्रभाव बनाए हुए है?

मुस्लिम तुष्टीकरण के राग में लगे सुधींद्र कुलकर्णी , मनीष तिवारी और हबीब साहब जैसे लोग सावरकर जी पर तो दिराष्ट्रवाद के सिद्ध ान्त का आरोप लगा देते हैं , पर सर सैयद अहमद खान के बारे में कुछ भी बोलने या उन पर शोध करने से वह पीछे हट जाते हैं। तथ्यों की बात करने वाले इन जैसे लोग सत्य के सामने आते ही उससे मुँह फेर कर खड़े हो जाते हैं।

यदि सर सैयद अहमद खान के विषय में गम्भीरता से सूक्ष्मतापूर्वक अध्ययन किया जाए तो पता चलता है कि उनके विचारों से ही पाकिस्तान का जन्म हुआ। इतिहास के निष्पक्ष समीक्षकों की यह दृढ़ मान्यता है कि पाकिस्तान का जनक यदि जिन्नाह था तो उसका पितामह सर सैयद अहमद खान थे। उनके द्विराष्ट्रवाद के सिद्धान्त को ही आगे चलकर इकबाल और जिन्नाह ने विकसित किया जो पाकिस्तान के निर्माण का सैद्धांतिक आधार बना। सुप्रसिद्ध इतिहासकार डॉ रमेशचंद्र मजूमदार कहते हैं– "सर सैय्यद अहमद खान ने दो राष्ट्रों के सिद्धांतों का प्रचार किया जो बाद में अलीगढ़ आन्दोलन की नींव बना' इसके बाद मुस्लिम अलग राष्ट्र है – इस सिद्धान्त को गेंद की तरह इससे ऐसी गति मिलती रही कि उससे पैदा हुई समस्या को पाकिस्तान निर्माण के द्वारा हल किया गया।"

सत्य को झुठलाने में गांधीवाद की भूमिका

मुस्लिम नवाबों , सुल्तानों , नेताओं और तथाकथित विद्वानों का बचाव करना गांधीवाद, गांधीवादियों और कांग्रेस का मौलिक संस्कार है। यही कारण है कि इन लोगों ने भारत के विभाजन के लिए जिम्मेदार सर सैयद अहमद खान और उन जैसे अन्य मुस्लिम नेताओं को उत्तरदायी न मानकर उसकी स्याही सावरकर जी जैसे राष्ट्रभक्त और राष्ट्रवादी व्यक्तित्व पर पोंछने का आपराधिक कृत्य किया।

जिन्नाह के जीवनीकार हेक्टर बोलियो लिखते हैं– "वे भारत के पहले मुस्लिम थे , जिन्होंने विभाजन के बारे में बोलने का साहस किया और यह पहचाना कि हिन्दू–मुस्लिम एकता असम्भव है, उन्हें अलग होना चाहिए।" यदि सावरकर जी जैसे राष्ट्रवादी लोग देश के विभाजन के लिए जिम्मेदार होते तो जिन्नाह का यह जीवनीकार यहाँ पर ऐसा न लिखकर यह लिखता कि जिन्नाह जैसे राष्ट्रवादी व्यक्ति को देश के विभाजन के लिए प्रोत्साहित करने वाले सावरकर थे और जिन्नाह कभी भी मुस्लिम राष्ट्र के समर्थक नहीं थे। इसके विपरीत जिन्नाह के जीवनीकार के द्वारा ऐसा लिख कर यह स्पष्ट कर दिया गया जिन्नाह पाकिस्तान के लिए जिम्मेदार थे और उनकी भारत के प्रति कभी कोई निष्ठा नहीं थी। बाद में जिन्नाह की इच्छा के अनुसार जो कुछ हुआ

उसका पितृत्व सर सैयद का है।

पाकिस्तान के इतिहास पर क्या कहते हैं?

1947 में जब पाकिस्तान बना तो उसने अपना अलग इतिहास लिखा। भारत का ही एक अंग रहने वाला पाकिस्तान यह भूल गया कि उसका हिन्दू अतीत कितना गौरवपूर्ण रहा है? उसने अपने हिन्दू अतीत को मिटाकर अपने आपको 712 ई0 में मोहम्मद बिन कासिम द्वारा किए गए आक्रमण के समय से इस्लाम के साथ जोड़ दिया। पाकिस्तान के इतिहासकारों ने अपने आपको ऐसा दिखाने का प्रयास किया जैसे उनके पूर्वज 712 ई0 से ही अपने अलग देश के लिए संघर्ष कर रहे थे। उन्होंने यहाँ तक भी लिख दिया कि महमूद गजनबी के द्वारा पहली बार पाकिस्तान का निर्माण सन 1000 ईस्वी के लगभग कर दिया गया था। इधर भारत के गांधीवादियों ने पाकिस्तान के इतिहास को 'सच' मान लिया। इससे इन गांधीवादियों की दोहरी मानसिकता का पता चलता है। एक ओर तो वह पाकिस्तान के लोगों के इस अनर्गल तथ्य को स्वीकार करते हैं कि वह द्विराष्ट्रवाद के लिए पिछले 1000 वर्ष से संघर्ष कर रहे थे पर दूसरी ओर वह भारत में मुस्लिमों के तुष्टीकरण के लिए इस तथ्य को झुठलाते हैं।

पाकिस्तान शासन द्वारा प्रकाशित आजादी के आन्दोलन के इतिहास में मोइनुल हक कहते हैं– "सच में हिन्द पाकिस्तान में मुस्लिम राष्ट्र स्थापित करने वाले संस्थापकों में से थे वे। उनके द्वारा ही डाली गई नींव पर कायदे आजम ने इमारत बना कर पूरी की।"

पाकिस्तानी विश्वविद्यालयों में मान्यता प्राप्त "ए शॉर्ट हिस्ट्री ऑफ पाकिस्तान" के खण्ड 4 के नौवें अध्याय में मुस्लिम राष्ट्रवाद का आरम्भ बिन्दु 1857 के युद्ध में असफलता की प्रतिक्रिया को बताया गया है। मुसलमानों के प्रति ब्रिटिश आक्रोश को कम करने और ब्रिटिश सरकार व मुसलमानों के बीच सहयोग का पुल बनाने के लिए उन्होंने योजनाबद्ध प्रयास आरम्भ किया। ब्रिटिश आक्रोश को कम करने के लिए उन्होंने 1858 में "रिसाला अस बाब–ए–बगावत ए हिंद" (भारतीय विद्रोह की कारण मीमांसा) शीर्षक से एक पुस्तिका लिखी, जिसमें उन्होंने प्रमाणित करने की कोशिश की कि इस क्रांति के लिए मुसलमान नहीं, हिन्दू

जिम्मेदार थे।

सर सैय्यद भले ही मुस्लिमों में अंग्रेजी शिक्षा के पक्षधर थे , पर मुस्लिम धर्म, इतिहास परम्परा, राज्य और उसके प्रतीकों और भाषा पर उन्हें बहुत अभिमान था। 1867 में अंग्रेज सरकार ने हिन्दी और देवनागरी के प्रयोग का आदेश जारी किया। सर सैयद इस बात से बहुत बैचेन थे कि अब भारत में इस्लामी राज्य खोने के पश्चात हमारी भाषा भी गई। तब उन्होंने 'डिफेन्स ऑफ उर्दू सोसायटी' की स्थापना की। डॉ इकराम ने कहा है कि आधुनिक मुस्लिम अलगाव का शुभारम्भ सर सैय्यद के 'हिन्दी बनाम उर्दू' का मुद्दा हाथ में लेने से हुआ।

सर सैयद अहमद खान का चिन्तन

सर सैयद को अक्सर उदारवादी और हिन्दू मुस्लिम एकता के पक्षधर के रूप में प्रस्तुत किया जाता है। 1867से 1887 तक के बीच सर सैय्यद अक्सर कहा करते थे कि हिन्दू और मुस्लिम वधू की दो आँखों की तरह हैं। पहले वे हिन्दू और मुस्लिमों को दो कौमें बताते थे तो उसका अर्थ होता था दो समाज। परन्तु 1887 से 'कौम' शब्द का उपयोग राष्ट्र के सन्दर्भ में करने लगे थे। खुलकर द्विराष्ट्रवाद के समर्थन में बोलने लगे थे।

उन्होंने 28 दिसम्बर 1887 को लखनऊ में और 14 मार्च 1888 को मेरठ में जो लम्बे भाषण दिए, उनमें यह मुद्दा उठाया। वास्तव में 1885 में कांग्रेस की स्थापना हुई और दो वर्षों में ही सर सैय्यद के ध्यान में आया कि कांग्रेस हिन्दू – मुसलमानों और सभी के लिए धर्मनिरपेक्ष होने के उपरान्त भी बहुसंख्यक हिन्दुओं की ही संस्था रहने वाली है। इसके द्वारा हिन्दू राजनीतिक तौर पर संगठित होंगे। भविष्य में लोकतांत्रिक व्यवस्था आने पर बहुसंख्यक हिन्दुओं को ही लाभ होगा। अपनी इसी सोच के अन्तर्गत उन्होंने इसके पश्चात हिन्दुओं का खुला विरोध करना आरम्भ कर दिया था।

14 मार्च 1888 को मेरठ में दिए गए अपने भड़काऊ भाषण में उन्होंने स्पष्ट कर दिया था कि हिन्दू –मुस्लिम मिलकर इस देश पर शासन नहीं कर सकते। अपने भाषण में उन्होंने कहा– "सबसे पहला प्रश्न यह है कि इस देश की सत्ता किसके हाथ में आनेवाली है? मान लीजिए, अंग्रेज

अपनी सेना, तोपें, हथियार और बाकी सब लेकर देश छोड़कर चले गए तो इस देश का शासक कौन होगा? क्या उस स्थिति में यह सम्भव है कि हिन्दू और मुस्लिम कौमें एक ही सिंहासन पर बैठें? निश्चित ही नहीं। उसके लिए आवश्यक होगा कि दोनों एक दूसरे को जीतें, एक दूसरे को हराएँ। दोनों सत्ता में समान भागीदार बनेंगे, यह सिद्धान्त व्यवहार में नहीं लाया जा सकेगा।"

उन्होंने आगे कहा– "इसी समय आपको इस बात पर ध्यान देना चाहिए कि मुसलमान हिन्दुओं से कम भले ही हों मगर वे दुर्बल हैं, ऐसा मत समझिए। उनमें अपने स्थान को टिकाए रखने का सामर्थ्य है। लेकिन समझिए कि नहीं है तो हमारे पठान बंधु पर्वतों और पहाड़ों से निकलकर सरहद से लेकर बंगाल तक खून की नदियाँ बहा देंगे। अंग्रेजों के जाने के बाद यहाँ कौन विजयी होगा? – यह अल्लाह की इच्छा पर निर्भर है। लेकिन जब तक एक राष्ट्र दूसरे राष्ट्र को जीतकर आज्ञाकारी नहीं बनाएगा , तब तक इस देश में शान्ति स्थापित नहीं हो सकती।"

उन्होंने कहा कि भारत में प्रतिनिधिक सरकार नहीं आ सकती , क्योंकि प्रतिनिधिक शासन के लिए शासक और शासित लोग एक ही समाज के होने चाहिए।"

मुसलमानों को उत्तेजित करते हुए उन्होंने कहा– "जैसे अंग्रेजों ने यह देश जीता वैसे ही हमने भी इसे अपने आधीन रखकर गुलाम बनाया हुआ था। अल्लाह ने अंग्रेजों को हमारे शासक के रूप में नियुक्त किया हुआ है। उनके राज्य को मजबूत बनाने के लिए जो करना आवश्यक है , उसे ईमानदारी से कीजिए (अर्थात ऐसे काम करिए कि जिससे अंग्रेज भारत को छोड़ न सकें , क्योंकि उनका यहाँ बने रहना ही मुसलमानों के हित में है)। आप यह समझ सकते हैं मगर जिन्होंने इस देश पर कभी शासन किया ही नहीं, जिन्होंने कोई विजय हासिल की ही नहीं, उन्हें (हिंदुओं को) यह बात समझ में नहीं आएगी। मैं आपको याद दिलाना चाहता हूँ कि आपने बहुत से देशों पर राज्य किया है। आपने 700 साल भारत पर राज किया है। अनेक सदियाँ कई देशों को अपने आधीन रखा है। मैं आगे कहना चाहता हूँ कि भविष्य में भी हमें किताबी लोगों की शासित प्रजा बनने के बजाय (अनेकेश्वरवादी) हिन्दुओं की प्रजा नहीं बनना है।"

2 दिसंबर 1887 को वह लखनऊ में मुस्लिम समाज के सामने यह बताते हुए स्पष्ट करते हैं कि किस तरह लोकतंत्र निरर्थक है? वे कहते हैं– "कांग्रेस की दूसरी माँग वाइसरॉय की कार्यकारिणी के सदस्यों को चुनने की है। समझो , ऐसा हुआ कि सारे मुस्लिमों ने मुस्लिम उम्मीदवारों को वोट दिए तो हर एक को कितने वोट पड़ेंगे। यह तो तय है कि हिन्दुओं की संख्या चार गुना ज्यादा होने के कारण उनके चार गुना ज्यादा सदस्य आएँगे, मगर तब मुस्लिमों के हित कैसे सुरक्षित रहेंगे। अब यह सोचिए कि कुल सदस्यों में आधे सदस्य हिन्दू और आधे मुसलमान होंगे और वे स्वतन्त्र रूप से अपने –अपने सदस्य चुनेंगे। मगर आज हिन्दुओं से बराबरी करनेवाला एक भी मुस्लिम नहीं है।"

उन्होंने आगे कहा– "पल भर सोचें कि आप कौन हैं? आपका राष्ट्र कौन सा है? हम वे लोग हैं जिन्होंने भारत पर छः–सात सदियों तक राज किया है। हमारे हाथ से ही सत्ता अंग्रेजों के पास गई। हमारा (मुस्लिम) राष्ट्र उनके खून का बना है , जिन्होंने सऊदी अरब ही नहीं, एशिया और यूरोप को अपने पाँवों तले रौंदा है। हमारा राष्ट्र वह है – जिसने तलवार से एकधर्मीय भारत को जीता है। मुसलमान अगर सरकार के खिलाफ आन्दोलन करें तो वह हिन्दुओं के आन्दोलन की तरह नरम नहीं होगा। तब आन्दोलन के खिलाफ सरकार को सेना बुलानी पड़ेगी, बन्दूकें इस्तेमाल करनी पड़ेंगी।जेल भरने के लिए नए कानून बनाने होंगे।"

सर सैय्यद बोले – 'हम गृह युद्ध चाहते हैं'

हमीद दलवई ने उनके बारे में कहा था– "1887 में बदरुदीन तैय्यबजी कांग्रेस के अध्यक्ष बने थे। उनसे कुछ मुद्दों पर सर सैयद के मतभेद थे। तब तैय्यबजी को लिखे पत्र में सर सैय्यद ने कहा था– "असल में कांग्रेस निःशस्त्र गृहयुद्ध खेल रही है। इस गृहयुद्ध का मकसद यह है कि देश का राज्य किसके (हिन्दुओं या मुसलमानों) हाथों में आएगा। हम भी गृहयुद्ध चाहते हैं मगर वह निःशस्त्र नहीं होगा। यदि अंग्रेज सरकार इस देश के आन्तरिक शासन को इस देश के लोगों के हाथों में सौंपना चाहती है तो राज्य सौंपने से पहले एक स्पर्धा परीक्षा होनी चाहिए। जो इस स्पर्धा में विजयी होगा , उसी के हाथों में सत्ता सौंपी जानी चाहिए। लेकिन इस परीक्षा में हमें हमारे पूर्वजों की कलम

इस्तेमाल करने देनी चाहिए। यह कलम सार्वभौमत्व की सनदें लिखने वाली असली कलम है (यानी तलवार)। इस परीक्षा में जो विजयी हो, उसे देश का राज दिया जाए।"

सावरकर जैसे महान विचारक और इतिहास की गहरी समझ रखने वाले नेता ने सर सैय्यद अहमद खान की इस विचारधारा का पहले दिन से विरोध करना आरम्भ किया। जबकि कांग्रेस अपनी तुष्टिकरण की नीति के अन्तर्गत सर सैय्यद अहमद खान को शिक्षा क्षेत्र के महारथी और एक उदारवादी महान नेता के रूप में स्थापित करती रही।

अलीगढ़ संस्थान के 1 अप्रैल 1890 के राज–पत्र में सर सैय्यद ने भविष्ययवाणी की थी– "यदि सरकार ने इस देश में जनतांत्रिक सरकार स्थापित की तो इस देश के विभिन्न धर्मों के अनुयायियों में गृहयुद्ध हुए बिना नहीं रहेगा।" 1893 में एक लेख में उन्होंने धमकी दी थी– "इस राष्ट्र में मुस्लिम अल्पसंख्यक हैं लेकिन इसके बावजूद परम्परा यह है कि जब बहुसंख्यक उन्हें दबाने की कोशिश करते हैं तो वे हाथों में तलवारे ले लेते हैं। यदि ऐसा हुआ तो 1857 से भी भयानक आपत्ति आए बिना नहीं रहेगी।"

सर सैय्यद अहमद खान की इसी अलगाववादी और द्विराष्ट्रवाद के सिद्धान्त की जनक विचारधारा ने आगे चलकर जिन्नाह का निर्माण किया। जिसने धर्म के आधार पर इस देश का विभाजन करवाया और कांग्रेस ने उसे अपनी सहमति व स्वीकृति प्रदान कर देश के साथ अपघात किया।

सावरकर जी ने सर सैय्यद अहमद खान और इन जैसे अलगाववादी नेताओं की चालों को बहुत पहले समझ लिया था। वह नहीं चाहते थे कि देश का किसी भी आधार पर बंटवारा हो। इतने स्पष्ट प्रमाणों के होने के उपरान्त भी यदि सावरकर जी को भारत विभाजन का दोषी माना जाता है तो मानना पड़ेगा कि इतिहास को पूर्ण सत्यता के साथ लिखने का समय आ गया है। नहीं तो वह दिन दूर नहीं जब 'चोर' 'बादशाह' बन जाएगा और 'बादशाह' 'चोर' बन जाएगा।

वैसे इतिहास के तथ्यों की बात करने वाले लोगों को यह तथ्य ध्यान रखना चाहिए कि भारत में द्विराष्ट्रवाद की बात करने वाले सर सैय्यद

अहमद खान जब 1887 में अपने भड़काऊ भाषण दे रहे थे , उस समय सावरकर जी मात्र 4 वर्ष के थे।

वास्तव में गांधीवादियों का उद्देश्य केवल एक ही है कि इतिहास को 'चोर' के हाथों सौंपकर शान्त होकर बैठा जाए।

18.

गांधीवादी कांग्रेस के काले कारनामे

1885 में कॉन्ग्रेस का जन्म हिन्दू विरोध और राष्ट्रविरोध की भावना से प्रेरित होकर किया गया था। ए0ओ0 ह्यूम नाम के एक अंग्रेज ईसाई द्वारा जब इस संगठन की स्थापना की गई थी तो इसने प्रारम्भ से ही हिन्दू विरोधी और राष्ट्रविरोधी नीति का अनुसरण किया। दुर्भाग्य से यही दोनों अवगुण इसके कुसंस्कार बन गए। जिन पर यह पार्टी आज तक कार्य कर रही है। ऐसे अनेक उदाहरण हैं जिनसे यह स्पष्ट हो जाता है कि कांग्रेस हिन्दुओं के लिए साक्षात 'यमराज' है।

ध्यान रहे कि पाकिस्तान को मजहब के आधार पर थाली में सजाकर जिन्नाह को देने वाली कांग्रेस ही रही थी। इतना ही नहीं ,जिन्नाह के मजहबी पाकिस्तान में जिस प्रकार चुन –चुनकर हिन्दुओं का विनाश किया गया, उस पर भी इस पार्टी ने कभी मुँह खोलना तक उचित नहीं माना। एक प्रकार से पाकिस्तान में रह गए ढाई – तीन करोड़ हिन्दुओं को 1947 की 15 अगस्त के बाद से इस पार्टी ने एक जेलखाने में बंद करने में सहयोग किया। फिर उनके साथ वहाँ जो कुछ भी किया गया उस पर भी अपनी मौन सहमति प्रदान कर कॉग्रेस ने मानवता के विरुद्ध भारी पाप किया।

पाकिस्तान के प्रति दिखाती रही है नरमी

गांधीजी की हठधर्मिता के कारण इसी पार्टी ने लाखों हिंदुओं को मारने वाले पाकिस्तान को 55 करोड़ दान में प्रदान किया। उसके बाद नेहरू जी की श्उदारताश के चलते पाकिस्तान को उसके हिस्से से अधिक सिंधु नदी का पानी दिया गया। मानवता के नाम पर पाकिस्तान नाम के जन्मजात शत्रु को पालने पोसने के प्रति भी नेहरू जी की 'उदारता' ने खाद पानी का काम किया।

नेहरू जी की बेटी और देश की तीसरी प्रधानमंत्री बनी इंदिरा गांधी

ने 1971 में पाकिस्तान को परास्त किया। अपनी इस ऐतिहासिक और प्रशंसनीय जीत के उपरान्त भी इन्दिरा गांधी वार्ता की मेज पर उस समय हार गईं जब उन्होंने जीते हुए पूर्वी पाकिस्तान को भारत के साथ न मिलाकर एक अलग देश अर्थात बांग्लादेश के नाम से मान्यता दे दी। इस प्रकार बांग्लादेश के निर्माण में हमारे सैनिकों का बलिदान व्यर्थ चला गया। पाक से आये हिन्दुओं पर लाठीचार्ज करवाकर कांग्रेस ने कई अवसरों पर अपनी हिन्दू विरोधी मानसिकता का परिचय दिया है।

मुस्लिम तुष्टिकरण की अपनायी नीति

इस पार्टी के विषय में हमें ध्यान रखना चाहिए कि इसके नेताओं ने 1947 में उन करोड़ों मुस्लिमों को देश में रखा , जिन्होंने 1945 के राष्ट्रीय असेंबली के चुनावों में मुस्लिम लीग को यह सोचकर समर्थन दिया था कि यह हमारे लिए अलग पाकिस्तान बनाएगी। आज वही लोग जब यह कहकर देश के जनमानस को गुमराह करते हैं कि हमने 'बाई चॉइस' हिंदुस्तान को अपने लिए चुना था ना कि 'बाई चांस' तो कांग्रेस उनके सुर में सुर मिलाकर उनकी 'उदारता' और तथाकथित 'देशभक्ति' का समर्थन करती है। गांधीजी की भांति मुस्लिमों की हिंसा को कांग्रेस हिंसा नहीं मानती, जबकि हिंसा को झेल रहे हिन्दू समाज की 'आह' को भी 'साम्प्रदायिक हिंसा' कहकर कांग्रेसी नेता अनेकों अवसरों पर संबोधित कर चुके हैं।

कांग्रेस की गलत और राष्ट्र विरोधी नीतियों के चलते देश विरोधी मुस्लिम संगठनों ने सुनियोजित षड़यंत्र के अंतर्गत और पाकिस्तान की सहमति से कश्मीर को 'हिन्दू मुक्त' कर दिया। जिस पर इस पार्टी के नेताओं ने प्रारम्भ से ही मुँह सिल लिया और आज तक इसके मुँह से हिन्दू लोगों पर कश्मीर में किए गए अत्याचारों के विरुद्ध एक शब्द तक नहीं निकला है। इन देश विरोधी मुस्लिम संगठनों में जम्मू कश्मीर के मुख्यमंत्री रहे शेख अब्दुल्ला, उसके बेटे फारूक अब्दुल्ला और पोते उमर अब्दुल्ला की राजनीतिक पार्टी सहित वहाँ महबूबा मुफ्ती की राजनीतिक पार्टी भी सम्मिलित रही है। जिनसे कांग्रेस की राजनीतिक सहभागिता भी कई अवसरों पर रही है।

इस्लाम को मानती है शांति का धर्म

कांग्रेस ने भारतवर्ष में करोड़ों लोगों के विरुद्ध अमानवीय अत्याचार करने वाले इस्लाम को प्रारम्भ से ही प्रगतिशील , उदार और 'भाईचारे' का प्रतीक मानकर शांति का ध्वजवाहक माना है , जबकि हिन्दू धर्म या वैदिक धर्म को इसने रूढ़िवादी माना है। 'शांति का संदेश देने वाले' मजहब को प्रगतिशील मानने के कारण ही कांग्रेस ने अपनी हिन्दू विरोधी मानसिकता का परिचय देते हुए भारतवर्ष में 'मुस्लिम पर्सनल ला बोर्ड' की स्थापना की। जबकि देश का संविधान देश के लोगों के मध्य किसी भी प्रकार जाति, धर्म और लिंग के आधार पर किसी प्रकार के भेदभाव की मनाही करता है। इतना ही नहीं , देश का संविधान समान नागरिक संहिता लागू कर लोगों के बीच समरसता पैदा करने की बात भी करता है, परन्तु संविधान के प्रावधानों की अवहेलना करते हुए संविधान विरोधी 'मुस्लिम पर्सनल लॉ बोर्ड' की स्थापना कर कांग्रेस ने देश के सामाजिक परिवेश को विद्रूपित करने में सहयोग किया।

कांग्रेस ने देश के संविधान में 'सेकुलर' शब्द डालकर उसकी व्याख्या इस प्रकार की कि जैसे यहाँ पर मुस्लिम अल्पसंख्यकों का तुष्टिकरण कर उनको विशेष अधिकार देने का संविधान आदेश देता है। जबकि संविधान किसी भी समुदाय या मजहब के लोगों को कानून के समक्ष समानता की बात कहकर अपना यह आदेश ,संदेश व निर्देश जारी करता है कि किसी भी स्थिति में किसी वर्ग विशेष का पक्ष पोषण या तुष्टीकरण नहीं किया जाएगा। कांग्रेस की इस प्रकार की संविधान विरोधी , हिन्दू विरोधी और राष्ट्रविरोधी नीतियों के चलते देश के 8 राज्यों में हिन्दू अल्पसंख्यक हो गया। इसके साथ –साथ कांग्रेस की गलत शिक्षा नीति के कारण संविधान की भावनाओं के विपरीत जाकर हमने संस्कृत को मृत भाषा घोषित कर दिया और हिन्दी को उसका सम्मान आज तक नहीं दे पाए हैं।

राष्ट्रद्रोही लोगों का करती रही है समर्थन

पूर्वोत्तर भारत में ईसाईकरण की प्रक्रिया कांग्रेस के शासनकाल में जिस प्रकार तेजी से बढ़ी, उससे देश की एकता और अखण्डता को

खतरा पैदा हो गया, परन्तु इसके उपरान्त भी कांग्रेस उस ओर से आंखें मूंदे बैठी रही। मुस्लिमों की तुष्टिकरण की नीति के कारण कांग्रेस ने संविधान में अल्पसंख्यकों को उनकी धार्मिक शिक्षा को लागू कराने या विद्यालयों में पढ़ाए जाने की संवैधानिक गारंटी दी और अलीगढ़ मुस्लिम यूनिवर्सिटी जैसे कई शैक्षणिक संस्थानों या विश्वविद्यालयों में राष्ट्रविरोधी मानसिकता के नागरिकों को पैदा करने की खुली छूट प्रदान की।

इस पार्टी को 'अलीगढ़ मुस्लिम विश्वविद्यालय' में 'मुस्लिम' शब्द से कभी कोई आपत्ति नहीं रही, जबकि 'बनारस हिंदू यूनिवर्सिटी' में आए 'हिन्दू' शब्द को लेकर इसे प्रारम्भ से ही आपत्ति रही है। यही कारण रहा कि कांग्रेस के 'सोनिया काल' में हिन्दू को इस देश का सबसे बड़ा हिंसक प्राणी सिद्ध करने के लिए विधिवत एक कानून को लाए जाने पर भी गम्भीरता से प्रयास किया गया। उसी समय देश के प्रधानमंत्री रहे सरदार मनमोहन सिंह ने अपनी नेता अथवा 'सुपर पीएम' सोनिया गांधी के आदेश पर यह भी कह दिया कि 'इस देश के आर्थिक संसाधनों पर सबसे पहला अधिकार मुस्लिमों का है।

संविधान की मूल भावना का किया है अपमान

कश्मीर की समस्या को जटिल बनाने और इस मसले को संयुक्त राष्ट्र संघ में ले जाने का पाप भी कांग्रेस नहीं किया है। इतना ही नहीं देश के संविधान में धारा 370 को अस्थाई धारा के रूप में डालकर भी उसे स्थायी धाराओं से भी अधिक कठोर बनाने में भी कांग्रेस ने ही सहयोग प्रदान किया।अति उस समय हो गई जब इसी पार्टी के पहले प्रधानमंत्री पण्डित जवाहरलाल नेहरू ने संसद की बिना अनुमति लिए संविधान में एक अनुच्छेद 35 ए डाल दिया। जिसके कारण जम्मू कश्मीर में हिन्दुओं पर अत्याचार करने का खुला प्रमाण पत्र मुस्लिम मुख्यमंत्रियों को प्राप्त हो गया।

1971 में हमारी सेना के पराक्रम ने जब पाकिस्तान की सेना को आत्मसमर्पण करने के लिए विवश किया तो तत्कालीन कांग्रेसी नेतृत्व ने पाकिस्तानी सेना के 93000 सैनिकों को बिना शर्त रिहा कर दिया।इसके अतिरिक्त पाक अधिकृत कश्मीर के प्रति भी यह पार्टी प्रारम्भ से ही आंखें बंद किए बैठी रही। जबकि पाक अधिकृत कश्मीर से चुनकर आने वाले

विधायकों के लिए जम्मू कश्मीर की विधानसभा में आज तक भी सीटें खाली पड़ी रहती हैं।

कॉंग्रेस ने 90,000 वर्ग किलोमीटर के साथ कैलाश मानसरोवर चीन को प्रदान किया। जम्मू कश्मीर में भविष्य की एक और आपदा को आमन्त्रित करते हुए कांग्रेस ने रोहिंग्याओं को बसाया। बांगलादेशियों को देश में घुसपैठियों के रूप में आने दिया और अपने राजनीतिक हितों को साधने के लिए उन्हें देश का स्थायी नागरिक बनाते हुए वोट का अधिकार भी प्रदान किया। आज यही घुसपैठिए देश में लूट, हत्या ,डकैती और बलात्कार के अनेकों अपराध कर रहे हैं।

कांग्रेस पार्टी ने ही इंदिरा गांधी के शासनकाल में देश में पहली बार आपातकाल लागू कर देश के लोगों के मौलिक अधिकारों पर प्रतिबंध लगाया , प्रेस का गला घोंटा और जनसाधारण पर अनेकों प्रकार के अत्याचार किये। 1966 में गोरक्षा आंदोलन कर रहे अनेकों साधुओं पर गोली चलवाकर उनकी निर्मम हत्या करने का पाप भी कांग्रेस ने ही किया।

रचनात्मक विपक्ष की भूमिका नहीं निभा रही है

अपनी देश विरोधी मानसिकता का परिचय देते हुए कांग्रेस ने एनआरसी का विरोध किया। 'टुकड़े –टुकडे गैंग' और नकसलियों का समर्थन किया। 'जिन्ना वाली आजादी' मांगने वाले लोगों का समर्थन किया और इसे भाषण और अभिव्यक्ति की स्वतन्त्रता कहकर सम्मानित किया। आतंकियों के भी मानव अधिकार होने की वकालत की। इतना ही नहीं, उन्हें सूली से बचाने के लिए देश के सर्वोच्च न्यायालय को भी रात के दो बजे खुलवाया। वर्तमान सरकार के प्रत्येक कार्य में अड़ंगा डालना कांग्रेस की नीति का एक अंग है। किसी भी स्थिति में सरकार को अस्थिर करते रहना और विदेशों में भारत विरोधी लोगों से संपर्क साधकर सरकार को गिरवाने की योजनाओं में सम्मिलित होना कांग्रेस के चरित्र का एक आवश्यक अंग बन गया लगता है।

देश में 'भगवा आतंकवाद' होने का भ्रम फैलाया

1984 में हुए सिख विरोधी दंगों के समय इस पार्टी के युवा प्रधानमंत्री की राजनीतिक अनुभवशून्यता के कारण कांग्रेस समर्थक लोगों

ने 2700 सिखों का हत्याकांड किया। साध्वी प्रज्ञा और कर्नल पुरोहित को झुटे आरोप में जेल में डाला। 'भगवा आतंकवाद' कहकर हिन्दुओं को अपमानित किया और हिन्दुत्व के मानवतावाद को भी इस प्रकार परिभाषित और स्थापित किया कि जैसे देश में इसी धर्म के लोगों के द्व ारा अशांति और उपद्रव किए जाते हैं। कांग्रेस ने दूरदर्शन का 'सत्यम शिवम सुन्दरम' लोगो हटाया।

केन्द्रीय नवोदय विद्यालय के लोगो में से 'असतो मा सत गमय' श्लोक हटाया। 'वन्देमातरम् को राष्ट्रगान बनाने का प्रारम्भ से ही विरोध किया। इतना ही नहीं अपने पार्टी कार्यक्रमों में कभी भी 'वन्देमातरम' को गाने की अनुमति नहीं दी।

पार्टी ने 'रामायण' और 'महाभारत' के पात्रों को कल्पनिक बताया और वेदों एवं उपनिषदों की शिक्षाओं को साम्प्रदायिक शिक्षा कहकर विद्यालयों के पाठ्यक्रम में उनको स्थान देने से इनकार किया।तीन तलाक की तुलना श्रीराम द्वारा सीताजी को छोड़ने से की। सेना को धर्म के आधार पर गिनती कर बांटने की चेष्टा की। कांग्रेस की अधिवक्ता टीम ने आतंकी 'टुकडे –टुकड़े गैंग' और नक्सलियों के केस लड़े।

संविधान की आत्मा के अनुसार कार्य न करते हुए कांग्रेस ने हज को सबसिडी दी और अमरनाथ यात्रा पर टैक्स लगाया। सोमनाथ मन्दिर बनाने के लिये सरदार पटेल का विरोध किया। सोमनाथ मंदिर का उद्घाटन करने जाने वाले राष्ट्रपति डॉ. राजेंद्र प्रसाद का विरोध किया। राष्ट्रीय स्वयंसेवक संघ को 'मुस्लिम ब्रदरहुड' जैसा आतंकी संगठन कहकर कांग्रेस ने राष्ट्रवादी संगठनों को भी अपमानित करने का कार्य किया। करोडों दोगले हिन्दुओं के साथ होते हुये भी कांग्रेस में स्वयं को 'मुसलमानों की पार्टी' कहा।

इतना ही नहीं हिन्दुत्व को इस देश की आम सहमति स्वीकार न करते हुए एक ऐसी कल्पना की जिसके आधार पर भारत 'मुस्लिम राष्ट्र' बनने की दिशा में अग्रसर हो सके।

चीन के प्रति दिखायी नरमी

आज विश्व के लिए भस्मासुर बने चीन को वर्तमान सम्मानजनक स्थान दिलाने में भी कांग्रेस ने ही महत्वपूर्ण योगदान दिया। जब इस

पार्टी ने संयुक्त राष्ट्र में 'वीटो पावर' का अधिकार चीन को लेने दिया और उसे स्थाई सदस्य बनने दिया तो इसने देश के लिए विनाशकारी निर्णय लेकर अपनी राजनीतिक अपरिपक्वता और कूटनीतिक सूझबूझ न होने का परिचय दिया।

अब इस पार्टी को देश के लोगों ने सत्ता से दूर कर दिया है तो इसके नेतृत्व से अपेक्षा की जाती थी कि यह अपनी गलतियों पर प्रायश्चित करेगा और 'अपराध बोध' करते हुए जनता के सामने जाने का साहस करेगा, परन्तु दुर्भाग्य है कि पार्टी के नेतृत्व ने अभी तक ऐसा कोई संकेत नहीं दिया है। जबकि देश का जनमानस और कॉन्ग्रेस के साधारण कार्यकर्ता भी यही चाहते हैं कि पार्टी अपने आपको नए स्वरुप में प्रस्तुत करे।

19.
गांधी गांधीवाद और नेहरू

डॉ राजेन्द्र प्रसाद जब भारत के पहले राष्ट्रपति बने तो वह वास्तव में उस भारत के प्रतिनिधि थे जिस भारत को स्वतन्त्र कराने के लिए देश ने दीर्घकालिक संघर्ष किया था। वह संविधान सभा के अध्यक्ष भी थे। अपनी ऐश्वर्यपूर्ण जीवन शैली के लिए प्रसिद्ध रहे देश के पहले प्रधानमंत्री पंडित जवाहरलाल नेहरु की इच्छा नहीं थी कि डॉ राजेंद्र प्रसाद भारत के पहले राष्ट्रपति बनें। इसके उपरान्त भी डॉ राजेन्द्र प्रसाद 1950, 1952 और 1957 में निरन्तर तीन बार देश के राष्ट्रपति चुने गए। नेहरू राष्ट्रपति भवन में ऐश्वर्यपूर्ण जीवन जीने वाले किसी अपने जैसे व्यक्ति को ही देखना चाहते थे। भारत के प्रतिनिधि के रूप में अत्यन्त सादगीपूर्ण जीवन जीने वाले डॉक्टर राजेन्द्र प्रसाद उनकी आंखों की किरकिरी थे।

पहली बार देश के राष्ट्रपति बनने में सफल रहे डॉ राजेन्द्र बाबू को कांग्रेस के लोगों ने जब दोबारा राष्ट्रपति बनाने का अभियान चलाया तो नेहरू उस अभियान के भी समर्थक नहीं थे , वह अभी भी नहीं चाहते थे कि डॉ राजेन्द्र बाबू को देश का राष्ट्रपति चुना जाए। नेहरू ने डॉक्टर राजेन्द्र बाबू को राष्ट्रपति बनने से रोकने के लिए इस बार यह तर्क दिया कि एक बार राष्ट्रपति बनने के बाद किसी व्यक्ति को दोबारा यह अवसर नहीं मिलना चाहिए। यद्यपि वह इसी सिद्धांत को प्रधानमंत्री के पद पर लागू करने के समर्थक नहीं थे।

डॉक्टर राजेन्द्र प्रसाद को दूसरी बार राष्ट्रपति बनाने के लिए जब हस्ताक्षर अभियान चल रहा था, तब नेहरू उनसे मिलने पहुँचे। पण्डित नेहरू ने डॉक्टर राजेन्द्र प्रसाद को इस बार स्पष्ट शब्दों में कहा कि वह दोबारा राष्ट्रपति न बनें। डॉक्टर प्रसाद ने उन्हें किसी प्रकार का आश्वासन नहीं दिया। सारे वार्तालाप में डॉक्टर राजेन्द्र बाबू चुप रहे। कांग्रेस की संसदीय समिति की बैठक हुई। इस बैठक में कांग्रेस की

संसदीय समिति के 6 सदस्यों में से डॉक्टर राजेन्द्र प्रसाद के राष्ट्रपति पद के प्रत्याशी होने का विरोध करने वाले केवल पण्डित जवाहरलाल नेहरु ही थे। शेष सभी सदस्यों ने डॉक्टर राजेन्द्र प्रसाद को दोबारा राष्ट्रपति बनाए जाने का समर्थन किया।

मोरारजी देसाई भी यही चाहते थे

पण्डित नेहरू की भांति ही मोरारजी देसाई भी नहीं चाहते थे कि डॉ राजेन्द्र प्रसाद देश के दोबारा राष्ट्रपति बने पर बीमार होने के कारण वे उस बैठक में उपस्थित नहीं थे। आज तक देश के इतिहास में डॉक्टर राजेन्द्र प्रसाद के अतिरिक्त कोई व्यक्ति दूसरी बार राष्ट्रपति नहीं बन पाया। 1957 में जवाहरलाल नेहरू डॉ. एस. राधाकृष्णन को राष्ट्रपति बनाना चाहते थे। इसी प्रकार वे 1952 में चक्रवर्ती राजगोपालचारी को भारत का राष्ट्रपति बनाने के पक्ष में थे। लेकिन उन्हें दोनों बार निराशा हाथ लगी। 1949 में जब देश के प्रथम राष्ट्रपति के लिए बातचीत आरम्भ हुई, तब नेहरू ने राजगोपालचारी के पक्ष में गोलबंदी आरम्भ की। डॉक्टर राजेन्द्र प्रसाद ने एक वक्तव्य जारी कर जनता को प्रोपेगंडा से बचने की सलाह दी और कहा कि 'राजाजी' और उनके बीच राष्ट्रपति बनने के लिए कोई प्रतिद्वंद्विता नहीं है। पता है नेहरू ऐसा क्यों कर रहे थे? निश्चित रूप से उन पर गांधी जी का दिया हुआ वह संस्कार हावी और प्रभावी था जिसके चलते गांधीजी कांग्रेस के अध्यक्ष पद से लेकर किसी भी महत्वपूर्ण पद पर अपने चहेते व्यक्ति को बैठाने के आदि रहे थे।

गांधी जी का दिया हुआ एक घातक संस्कार

गांधीजी की प्रवृत्ति थी कि वह कांग्रेस अध्यक्ष को अपने संकेत पर नचाना चाहते थे। अपने आप पदों से दूर रहकर भी सारी कांग्रेस को अपनी मुट्ठी में रखने का उनका तानाशाही पूर्ण दृष्टिकोण अब इतिहास का एक अंग बन चुका है, परंतु इस पर शोध की बहुत अधिक आवश्यकता है। क्योंकि गांधीजी के दिये हुए इस संस्कार ने स्वतन्त्रता के पश्चात कांग्रेस के प्रधानमंत्रियों को इस बात के लिए प्रेरित किया कि रायसिना हिल्स अर्थात राष्ट्रपति भवन में जाने वाला व्यक्ति उनके संकेत पर नाचता रहे। देश के पहले प्रधानमंत्री नेहरू ने भी पहले राष्ट्रपति बने

डॉ राजेन्द्र प्रसाद को अपने संकेत पर नचाने का प्रयास किया था। यह अलग बात है कि डॉ राजेन्द्र प्रसाद नेहरू की इस इच्छा पर कभी खरे नहीं उतरने वाले थे। नेहरू भी इस तथ्य को भली प्रकार जानते थे कि यदि उन्होंने डॉ राजेंद्र प्रसाद को देश का पहला राष्ट्रपति बनाने की भूल की तो वह उनकी अपेक्षाओं पर खरा नहीं उतरेंगे।

नेहरू ने राष्ट्रपति भवन में अपने मनपसंद व्यक्ति को पहुंचाने के लिए अंतिम दाव खेलते हुए तब 1950 में देश के पहले राष्ट्रपति के चुनाव के समय प्रसाद को चिट्ठी लिखी कि देश के पहले राष्ट्रपति के रूप में वे लिए राजाजी का नाम आगे करें। उन्होंने लिखा कि वल्लभभाई पटेल भी इसके लिए अपनी सहमति दे चुके हैं। डॉक्टर प्रसाद दुःखी हुए। वे इस बात से निराश हुए कि नेहरू उन्हें 'आदेश' दे रहे हैं। अपने स्वभाव से अत्यंत सरल डॉ राजेन्द्र प्रसाद यह नहीं समझ पाए कि नेहरू के भीतर यह 'आदेश' देने की प्रवृत्ति अपने राजनीतिक गुरु गांधीजी से आई थी।उनका मानना था कि वे तो इन सब में पड़ने के लिए तैयार ही नहीं थे , लेकिन जब उन्हें संविधान सभा का अध्यक्ष बनाया गया है तो उनकी विदाई भी सम्मानजनक ढंग से होनी चाहिए। डॉ. राजेंद्र प्रसाद ने नेहरू और पटेल को एक लम्बा–चौड़ा पत्र भेजा।

नेहरू ने बोल दिया था झूठ

यहाँ एक बात पता चलती है कि जवाहर लाल नेहरू ने झूठ बोला था। उन्होंने राजगोपालचारी को राष्ट्रपति बनाने के लिए सरदार पटेल की सहमति नहीं ली थी। नेहरू ने बिना पटेल की अनुमति के उनका नाम ले दिया था। डॉक्टर प्रसाद की चिट्ठी आने के उपरान्त यह भेद खुला और पटेल इस बात से नाराज हुए कि नेहरू ने उनका नाम बिना पूछे प्रयोग किया। जब पोल खुल गई तो नेहरू ने डॉक्टर प्रसाद को फिर से पत्र लिख कर बताया कि "उन्होंने उनसे जो कुछ भी कहा था, उसका पटेल से कुछ लेना–देना नहीं है। नेहरू ने लिखा कि उन्होंने पूरी तरह अपने बात सामने रखी थी। साथ ही उन्होंने यह भी बताया कि इसके लिए पटेल से उन्होंने कोई चर्चा नहीं की है।"

इस घटना से पता चलता है कि नेहरू जी के सामने यदि भारत का संविधान न होकर केवल कांग्रेस का संविधान ही होता तो वह डॉ

राजेन्द्र प्रसाद को वैसे ही देश का राष्ट्रपति नहीं बनने देते जैसे उनके राजनीतिक गुरु रहे गांधीजी ने सुभाषचन्द्र बोस और पटेल को कांग्रेस का अध्यक्ष बनने से या तो रोका था या बने हुए अध्यक्ष को त्यागपत्र देने के लिए बाध्य कर दिया था।

प्रधानमंत्री नेहरू और राष्ट्रपति डॉ. राजेन्द्र प्रसाद के मध्य रहे मतभेदों को इसी प्रकार देखना चाहिए जिस प्रकार गांधीजी अपने मत के विपरीत चलने वाले सुभाषचन्द्र बोस से उनके अध्यक्ष रहते कभी सहमति नहीं बना पाए थे। गांधीवाद की यह छाया न केवल नेहरू जी के कृतित्व में झलकती है अपितु उनके बाद देश की प्रधानमंत्री बनने वाली उनकी बेटी इंदिरा गांधी और धेवते राजीव गांधी के प्रधानमंत्री काल में रहे राष्ट्रपतियों के साथ उनके संबंधों में भी झलकती है।

लोकतंत्र का गला घोंटने की गांधीवादी प्रवृत्ति और नेहरू

इस सन्दर्भ में भारत में हुए प्रथम चुनाव का किस्सा स्मरण हो रहा है, अर्थात नेहरू अपनी हठ पूरी करने के लिए किसी भी सीमा तक जाने को तैयार थे। रामपुर से नेहरू के प्रिय मौलाना अबुल कलाम आजाद मैदान में और आजाद के विरुद्ध थे, हिन्दू महासभा के विशन सेठ। विशन आजाद को 6000 मतों से पराजित करना, नेहरू को रास नहीं आया। तब उन्होंने तुरन्त उत्तर प्रदेश के तत्कालीन मुख्यमंत्री गोविन्द वल्लभ पन्त को फोन कर चुनाव परिणाम पलटने को कहा, परिणामस्वरूप पन्त ने भी साम, दाम, दण्ड ,भेद अपनाकर विशन सेठ को उनके विजयी जलूस से अगवा करवाकर, मतगणना पर लाकर, उन्ही के सामने उनके पक्ष में पड़े मतों को आजाद के मतों में मिलवाकर लगभग 3000 मतों से जितवाकर संसद पहुंचवा दिया। गांधी जी के शिष्य नेहरू ने अपने स्वार्थ के लिए लोकतन्त्र का गला घोट दिया और संवैधानिक मान –मर्यादा व राजनीतिक शिष्टाचार को ताक पर रखकर अपनी तानाशाही प्रवृत्ति को वैसे ही पूर्ण करने का प्रयास किया जैसे कभी गांधीजी किया करते थे।

सरदार पटेल ने किया निर्णायक हस्तक्षेप

जब किसी भी प्रकार से डॉ. राजेन्द्र प्रसाद को राष्ट्रपति भवन भेजने के बन रहे परिवेश को नेहरू जी रोक नहीं पाए तो उन्होंने झेंप मिटाते

हुए क्षुब्ध डॉ. राजेन्द्र प्रसाद को क्षमा माँगते हुए लिखा कि वे उनका पूरा सम्मान करते हैं और उनकी भावनाओं को चोट पहुँचाने का उनका कोई उद्देश्य नहीं था। इसके उपरान्त भी नेहरू को यू.के. और अमेरिका के 6 दिनों के दौरे पर जाना था। वे चाहते थे कि उससे पहले राजाजी के पक्ष में निर्णय हो जाए, तो वह निश्चिंत होकर विदेश दौरे पर जा सकें। संविधान सभा की बैठक में जब उन्होंने ये बातें रखी, तो कई नेताओं ने इस पर आपत्ति जताई। कुछ ने तो इसका कड़ा विरोध किया। सभा का परिवेश इतना गर्म हो गया कि सरदार पटेल को मामला थामना पड़ा। उन्होंने शान्ति की अपील करते हुए कहा कि कांग्रेस सदा की भांति इस बार भी मतभेदों से ऊपर उठ कर निर्णय लेगी।

सरदार पटेल ने तब तक डॉ. राजेंद्र प्रसाद को लेकर मन बना लिया था। डॉक्टर प्रसाद के राष्ट्रपति बनने से जुड़े एक प्रश्न के उत्तर में पटेल ने कहा– "अगर दूल्हा पालकी छोड़ कर ना भागे तो शादी नक्की।" पटेल का संकेत था कि यदि डॉ राजेन्द्र प्रसाद स्वयं पीछे हट कर राजाजी के लिए रास्ता नहीं छोड़ते हैं तो उन्हें राष्ट्रपति बनने से कोई नहीं रोक सकता। वे इस प्रकार से डॉक्टर प्रसाद के सीधे–सादे व्यवहार का भी संकेत कर रहे थे। चुनाव हुआ और डॉक्टर राजेंद्र प्रसाद को 5,07,400 वोट मिले। उनकी जीत पक्की जानकर कांग्रेस के 65 सांसदों और 479 विधायकों ने मत देने की भी 'आफत' मोल नहीं ली।

इसी प्रकार 1957 में नेहरू डॉ. एस0 राधाकृष्णन के पक्ष में गोलबंदी कर रहे थे, लेकिन कांग्रेस डॉ राजेंद्र प्रसाद को लेकर एकमत थी। राधाकृष्णन ने उपराष्ट्रपति के रूप में त्यागपत्र देने का मन बना लिया था, लेकिन उन्हें किसी प्रकार मनाया गया। नेहरू ने तब कहा था कि वे 1947 के बाद से अब तक इतने खिन्न नहीं थे, जितने अब हैं। नेहरू और डॉ प्रसाद के बीच 'हिन्दू कोड बिल' को लेकर भी मतभेद थे। राजन बाबू 'हिन्दू कोड बिल' के विरुद्ध थे। लेकिन संसद द्वारा तीन बार जब बिल को पारित कर दिया गया तो उन्हें संवैधानिक बाध्यता के चलते उस बिल पर हस्ताक्षर करने पड़े। पर राजन बाबू की बात आज चरितार्थ हो रही है , जब हिन्दू समाज में भी विवाह को एक पवित्र संस्कार न मानकर एक संविदा मान लिया गया है और न्यायालयों में तलाकों के

ढेर लग गए हैं। डॉ राजेन्द्र प्रसाद ने काशी में ब्राह्मणों के पाँव धोए थे। नेहरू ने इस पर आपत्ति जताई थी। इसका कारण भी यही था कि वह भी गांधीजी की भांति ही हिन्दू समाज को रूढ़िवादी समाज और इसके विपरीत इस्लाम को प्रगतिशील धर्म मानते थे। नेहरू तो यह भी नहीं चाहते थे कि डॉ प्रसाद सोमनाथ मन्दिर का शिलान्यास करने जाएँ। परन्तु राजन बाबू नेहरू के विरोध की चिन्ता ना करके सोमनाथ मन्दिर का शिलान्यास करने गए। 'हिन्दी, हिन्दू और हिन्दुस्तान' के प्रति गांधीजी की सोच निश्चय ही इस क्षेत्र में भी नेहरूजी का पीछा कर रही थी या कहिए कि उनका मार्गदर्शन कर रही थी।

भारतीय संस्कृति प्रेमी डॉ राजेन्द्र प्रसाद के जब अन्तिम दिन आए तो नेहरू ने अपनी कुटिलता का उस समय भी परिचय दिया। उन्होंने डॉ राजेन्द्र प्रसाद को दिल्ली से निकालकर पटना एक छोटे से कमरे में ले जाकर डलवा दिया। वहीं पर 'सदाकत आश्रम' के एक सीलन भरे कमरे में 28 फरवरी 1963 को हमारे देश के इस पहले राष्ट्रपति का जीवनान्त हुआ।

20.
राष्ट्रपिता गांधी और राष्ट्रपति भवन का कड़वा सच

कांग्रेस के विषय में यह कहने की आवश्यकता नहीं कि इस पार्टी ने प्रारम्भ से ही अंग्रेजों की कार्यशैली को अपने लिए आदर्श के रूप में स्वीकार किया था। स्वाधीन भारत में जब सत्ता कांग्रेसी प्रधानमंत्रियों के हाथों में रही तो इन्होंने अंग्रेजों की कार्यशैली को अपनाकर ही शासन करना आरम्भ किया। अंग्रेजों ने अपने शासनकाल में भारत में ऐसे अनेकों शासकीय भवनों का निर्माण कराया , जिनके लिए प्राप्त की गई भूमि को उन्होंने या तो बिना मुआवजा दिए हड़प लिया था या नाममात्र का मुआवजा देकर उसके वास्तविक स्वामियों अर्थात मूल काश्तकारों को शान्त कर दिया था।

देश के अधिकांश लोग आज यह नहीं जानते होंगे कि हमारे देश का राष्ट्रपति जिस स्थान से बैठकर संवैधानिक रूप से देश का शासन चलाता है वह ऐसा स्थान है जिसका मुआवजा आज तक उसके वास्तविक स्वामियों अर्थात किसानों को नहीं दिया गया है। इस स्थान को इसके मूल स्वामियों से अंग्रेजों ने बलात छीनकर यहाँ पर सन 1912 से 1920 के बीच 'वायसराय हाउस' बनाया था। 'नॉर्थ ब्लॉक' व 'साउथ ब्लॉक' और देश के शासन के कई प्रतिष्ठान जहाँ पर आज स्थित हैं, यह सब भी तत्कालीन ब्रिटिश सरकार ने हमारे देश के किसानों से जबरन छीन कर यहाँ पर राजकीय भवनों का निर्माण किया था।

यह वह काल था जब दिल्ली अपने आपमें कोई स्वतंत्र राज्य नहीं होता था अपितु आज के हरियाणा (तत्कालीन पंजाब) प्रान्त के सोनीपत जिले की एक उप तहसील हुआ करती थी। यह और भी दुर्भाग्यपूर्ण तथ्य है कि स्वतन्त्र भारत की सरकारों ने भी आज तक यह नहीं सोचा

कि जबरदस्ती कब्जाए गये इस विशाल भूभाग का मुआवजा लोगों को दे दिया जाए? जिनकी जमीन का मुआवजा उस समय उनके द्वारा न लेने की स्थिति में सरकारी कोष में वापस जमा कर दिया गया था।

सन 2012 में जब दिल्ली को देश की राजधानी बने हुए 100 वर्ष पूर्ण हुए तो मेरे पास हरियाणा के सोनीपत जिले के मालचा गांव से एक फोन आया। जिसमें एक दुःखी व्यक्ति मेरे से कह रहा था कि आप एक बार हमारे गाँव आएं। हम आपको कुछ अपने दुःख दर्द को बताना चाहते हैं। उस व्यक्ति की आवाज में एक दर्द झलक रहा था जिसे वह बताते हुए भावुक भी हो गया था। उसका कहना था कि आज जब देश स्वतंत्र हो गया है और दिल्ली को देश की राजधानी बने हुए भी 100 वर्ष पूरे हो रहे हैं तो हमारे साथ किए गए ब्रिटिश सरकार के अन्याय को स्वाधीन भारत की सरकार धोने का प्रयास क्यों नहीं कर रही है?

उस व्यक्ति के विशेष आग्रह पर मैं अपने कुछ साथियों के साथ उसके गाँव मालचा पहुंचा। तब उन लोगों ने जो कुछ बताया , वह बड़ा दुखद था। उस समय जब देश का शासन दिल्ली के राजधानी के रूप में 100 वर्ष पूरे होने पर उत्सव मना रहा था तो वे लोग इस बात पर दुःख मना रहे थे कि उन्हें 100 वर्ष से किसी ने भी यह नहीं पूछा कि दिल्ली को बसाने में उनके द्वारा दी गई जमीन का मुआवजा उन्हें दे दिया जाए?

हुआ यह था कि ये लोग मालचा नाम के गाँव के निवासी थे। आज भी राष्ट्रपति भवन के पास 'मालचा हाउस' नाम का एक स्थान है। यह वही स्थान है जहाँ पर यह गाँव दिल्ली में मूल रूप में हुआ करता था। यद्यपि अब इस गांव में कोई ऐसा बुजुर्ग तो नहीं था जो 1912 की उस घटना का साक्षी रहा हो ,पर ऐसे कई बुजुर्ग अवश्य थे जो उस समय के साक्षी रहे अपने माता–पिता या दादा से उस समय की पीड़ादायक घटना को सुनते रहे थे। मालचा गाँव के लोगों ने हमें बताया कि अंग्रेजों ने गाँव को जबरदस्ती यहाँ से उठाकर हटाने का प्रयास किया था। उस समय इस गाँव में मात्र 85 परिवार रहते थे। जिन्होंने वहाँ से किसी अन्य स्थान पर जाने से मना कर दिया था। तब अंग्रेजों ने रातों–रात वहाँ पर तोपें तान दीं और गाँव वालों से कहा कि या तो भाग जाओ , नहीं तो सारे के सारे तोप से उड़ा दिए जाओगे।

डर के मारे गाँव के लोग अपने गाँव को खाली कर वहां से भाग गए और उन्होंने दिल्ली की सीमाओं से दूर जाकर सोनीपत में मालचा के नाम से ही एक नया गाँव बसा लिया। लेकिन इसके उपरान्त भी उन लोगों के मन मस्तिष्क में अपने मूल गाँव की स्मृतियां शेष बनी रहीं और इतना ही नहीं वह भयानक मंजर भी उनकी नजरों में घूमता रहा जब अंग्रेजों ने उन्हें अपने मूल गांव से भागने के लिए विवश किया था। लोगों का कहना था कि हमें हमारी जमीन का कोई मुआवजा नहीं दिया गया और जहाँ आज राष्ट्रपति भवन है, साथ ही 'नॉर्थ ब्लॉक', 'साउथ ब्लॉक' आदि वह स्थान हैं जहाँ से देश का शासन चलता है , वे सारे के सारे हमारे गाँव की भूमि में ही बने हुए हैं। आज संभवतः कोई नहीं जानता कि बुद्धा नाम का उनका एक पूर्वज था , उसी के नाम से बुद्धा गार्डन दिल्ली में है।

उनका यह भी कहना था कि 1947 के बाद से लेकर आज तक वह लगभग हर सरकार के प्रधानमंत्री से मिले हैं , परन्तु किसी ने भी उनकी बात पर ध्यान नहीं दिया। मैंने उनकी जमीन के सरकारी अभिलेख देखे तो सचमुच उनके गाँव का मुआवजे का सारा पैसा सन 1913 की जनवरी में सरकारी कोष में उल्टा जमा कर दिया गया था। क्योंकि गाँव के लोगों ने मुआवजा लेने से मना कर दिया था।

और हाँ, एक बात और याद आई। नेहरू जी अपनी अचकन पर जिस गुलाब के फूल को लगाया करते थे उनके लिए गुलाब का वह फूल भी उस समय प्रतिदिन इसी मालचा गाँव से ही आया करता था। नेहरू जी ने यहाँ के गुलाब को तो पसन्द किया पर यहाँ के लोगों के चेहरे भी गुलाबी हो जाएं – इस ओर ध्यान नहीं दिया।

हमने इस सारे समाचार को अपने 'उगता भारत' समाचार पत्र में प्रमुखता से प्रकाशित किया था। परन्तु सरकार के कानों पर जूं नहीं रेंगी। व्यवस्था गूंगी बहरी बनी रही। अब आप ही बताएं कि जिस देश का राष्ट्रपति जबरदस्ती कब्जा की गई भूमि में बैठा हो, उसमें भूमाफिया और गैर कानूनी ढंग से काम करने वाले लोगों का वर्चस्व न होगा तो और कहाँ होगा? क्या आपकी दृष्टि में यह उचित नहीं होगा कि आज की केंद्र सरकार मालचा गाँव के लोगों को ससम्मान बुलाए और इस

गाँव के लोगों का देश के शासन पर जो ऋण है, उसे चुकता करे।

जब तक मालचा गाँव के लोगों को उनका मुआवजा नहीं मिलता है तब तक समझ लेना चाहिए कि इस देश में किसी भी व्यक्ति को न्याय नहीं मिल पाएगा। क्योंकि शासन का संचालन जहाँ से होता है उस भूमि का पवित्र होना बहुत आवश्यक है। यदि राजा के राजभवन पर ही लोगों की अमंगलकारी कामनाओं का श्राप पड़ा हो तो देश का शासन कभी भी मंगलकारी नहीं हो सकता?

हम इस घटना को कुछ दूसरे दृष्टिकोण से भी देखते हैं। हमारा मानना है कि स्वाधीन भारत के शासन पर पहला अधिकार उन क्रान्तिकारियों का था, जिन्होंने अपने बलिदानों से स्वाधीनता के आन्दोलन को सींचा था और अंग्रेजों को देश से बाहर निकालने में सफलता प्राप्त की थी। पर जब समय सत्ता की सुन्दरी के वरण करने का आया तो कांग्रेस उसमें बाजी मार गई अर्थात वधू पर अधिकार किसी और का था और वर कोई और बन गया? जब राजा स्वयं अन्यायी और बेईमान हो तो उससे न्याय और ईमानदारी की अपेक्षा नहीं की जा सकती। कांग्रेस को अपने आकाओं अर्थात अंग्रेजों द्वारा किया गया प्रत्येक कार्य उचित ही जान पड़ता था , इसलिए उसकी दृष्टि में मालचा गाँव के लोगों के साथ भी जो कुछ किया गया, वह भी उचित ही था। हमें ध्यान रखना चाहिए षड़यन्त्रों से प्राप्त की गई सत्ता षड़यंत्रों में ही उलझ कर रह जाती है और वह किसी प्रकार के षड़यंत्र या बेईमानी या अन्याय का उचित समाधान नहीं कर पाती है और ना ही लोगों को न्याय दे पाती है। हमारे क्रांतिकारियों और 'हिंदी, हिंदू ,हिंदुस्तान' के प्रति किए गए अंग्रेजों के प्रत्येक षड़्यंत्र में 'राष्ट्रपिता' गांधी प्रत्यक्ष या अप्रत्यक्ष रूप से सम्मिलित या सहमत रहे, यदि गांधीजी को मालचा गाँव के लोगों की दृष्टि से देखा जाए तो क्या उन्हें 'राष्ट्रपिता' कहलाने का अधिकार है? क्या यह भी एक प्रकार की हिंसा नहीं है कि गांधीजी के गांधीवादी लोग सत्ता में रहकर मालचा गांव के लोगों का मानसिक और आर्थिक शोषण करते रहे? यदि किसी भी कारण से इसे उचित मान लिया जाता है तो यह भी मान लेना चाहिए कि गांधीवाद नाम की ऐसी कोई चीज है ही नहीं, जो लोगों को सत्य , अहिंसा और प्रेम का वास्तविक पाठ पढ़ा सके

और उनके मध्य बन्धुता को बढ़ावा देने वाली न्यायपूर्ण शासन प्रणाली का विकास कर सके।

समझ लो कि हम गांधीवाद के नाम पर मात्र एक काल्पनिक विचार को या किसी भ्रांति को ही ढो रहे हैं। गांधीवादी के इस काल्पनिक बोझ को जितनी शीघ्रता से हम अपने सिर से उतार कर फेंक देंगे उतनी ही शीघ्रता से हम आराम का अनुभव कर सकेंगे और देश को वास्तविक राजपथ के मार्ग पर आगे बढ़ाने में सफल भी हो सकेंगे।

21.

टुकड़े टुकड़े गैंग और गांधीवादी सोच

देश के इतिहास में जिन शासकों ने साम्प्रदायिकता के आधार पर बड़े – बड़े नरसंहार किए लूटपाट हत्या ,डकैती, बलात्कार और इन जैसे अनेकों जघन्य अपराध किए , वे सारे के सारे मानवता के हत्यारे गांधीजी और गांधीवादियों की दृष्टि में बहुत ही दयालु, उदार, सहिष्णु और मानवता के पुजारी कहे जाते हैं। गांधीवादियों के द्वारा लिखे गए इतिहास में जब इन लोगों को इस प्रकार का सम्मान मिलता हुआ दिखाई दिया तो लूट, हत्या,डकैती, बलात्कार और मानवता के विरुद्ध नरसंहार करने वाले इन राक्षसी प्रवृत्ति के बादशाहों के मानस पुत्र आतंकवादी बनकर देश के चमन में आग लगाने लगे। कहने का अभिप्राय है कि गांधीवादियों की इतिहास की गलत व्याख्या के कारण देश वर्तमान में आतंकवाद जैसी गंभीर बीमारी से जूझ रहा है।

वीर सावरकर जी कहा करते थे कि धर्मांतरण से मर्मान्तरण और मर्मांतरण से राष्ट्रांतरण होता है। इसलिए धर्मांतरण अपने आप में एक बहुत बड़ी बीमारी है। धर्म परिवर्तन व्यक्ति के मर्म का परिवर्तन कर देता है और वही व्यक्ति समय आने पर राष्ट्रद्रोही होकर राष्ट्र के विभाजन की मांग करने लगता है। यदि इस बात को 1947 में देश के विभाजन के दोषी जिन्नाह पर लागू करके देखा जाए तो उस पर तो यह बात अक्षरशः लागू होती है। जिन्नाह भारत में विदेश से आया हुआ कोई खानदानी मुसलमान नहीं था , ना ही वह मुगल ,पठान , शेख या सैयद जैसी किसी मुस्लिम परम्परा का मुसलमान था। मात्र एक पीढी पीछे अर्थात उसके बाप ने ही अपने धर्म से गद्दारी कर दूसरे मजहब को स्वीकार किया था। यदि गांधी जी इस रहस्य को समझे होते कि धर्म परिवर्तितत व्यक्ति देश के लिए बहुत घातक होता है तो वे जिन्नाह को कभी भी 'कायदे आजम' नहीं कहते। उन्होंने इतिहास को या तो समझा नहीं या उन्होंने

उसे समझने का प्रयास नहीं किया। उन्होंने धर्म परिवर्तन को केवल पूजा उपासना का परिवर्तन माना। जबकि सच वही था जो सावरकर कह रहे थे कि धर्म परिवर्तन से मर्म परिवर्तन और मर्म परिवर्तन से राष्ट्र का परिवर्तन हो जाता है।

हमारे देश में ऐसे अनेकों 'जिन्नाह'पैदा हुए हैं जिन्होंने धर्म परिवर्तन करने के पश्चात अपनी ही जड़ों को काटने का अर्थात अपने ही धर्म के भाइयों को मिटाने का अपराध किया है। कांग्रेस और देश के धर्मनिरपेक्ष वामपंथी इतिहासकारों ने यह सब जानते हुए भी कि जिन्नाह का बाप हिन्दू था, इस तथ्य को अधिक स्पष्ट नहीं किया है। क्योंकि ऐसा करने से 'शांति का मजहब' अशांति का मजहब दिखाई देने लगेगा। जिसे वह दिखाना नहीं चाहते। यद्यपि इस तथ्य को और सत्य को देश के लोगों को जानने का पूरा अधिकार है। विशेष रूप से तब यह तथ्य और भी अधिक जानकारी में आने योग्य हो जाता है जब लोग यह कहते हैं कि 'मजहब आपस में बैर रखना नहीं सिखाता' और मजहब परिवर्तन से राष्ट्र का परिवर्तन कभी नहीं हो सकता।

जिन्नाह के बाप के द्वारा की गई गलती को यदि यह लोग पढ़ेंगे तो समझ जाएंगे कि मजहब कितने गहरे घाव देता है? एक पीढ़ी में ही इतना अधिक विष जिन्नाह के भीतर हिन्दुओं के विरुद्ध भर गया कि वह मजहब के आधार पर देश का विभाजन करने पर उतर आया। यदि वह व्यक्ति अपने मूल धर्म में ही बना रहता तो निश्चित था कि उसके द्वारा देश के बंटवारे की बात कभी नहीं होती।

देश के लोगों को यह ध्यान रखना चाहिए कि हम पिछले 74 वर्षों से देश विभाजन के जिन घावों को सहला रहे हैं, वह घाव जिन्नाह के बाप की उस गलती के द्वारा दिए गए घाव हैं जो उसने मजहब परिवर्तन करके की थी। मूल धर्म के प्रति उसी की गद्दारी का परिणाम रहा कि देश में लाखों हिन्दुओं को पाकिस्तान से हिन्दुस्तान आते हुए रास्ते में काट दिया गया। सचमुच यह बात सही है कि 'लम्हों ने खता की थी, सदियों ने सजा पाई' आगे भी हम कब तक देश विभाजन के इन घावों को सहलाते रहेंगे और पाकिस्तान के रूप में पैदा हुए एक शत्रु से युद्ध कर करके कितने बलिदान देते रहेंगे? यह आने वाला समय ही बताएगा।

जिन्नाह के बाप को धर्म परिवर्तन करते ही भारत देश पराया लगने लगा। इसकी माटी से उसे कोई लगाव नहीं रहा। इसे वह और उसका बेटा जिन्नाह केवल जमीन का एक टुकड़ा समझने लगे। जिन्नाह और उसके बाप की इस मानसिकता को देखकर पता चल सकता है कि धर्मांतरण से ही राष्ट्रांतरण होता है।

जिन्नाह को 'कायदे आजम' अर्थात महान नेता की उपाधि भारतवर्ष में गांधीजी ने दी थी। अपनी मनपसंद जगह अर्थात पाकिस्तान को पाने के पश्चात पाकिस्तान में भी उसे इसी नाम से जाना गया। यह एक दुर्भाग्यपूर्ण तथ्य है कि भारत में अलीगढ़ मुस्लिम यूनिवर्सिटी में अभी तक उसका चित्र लगा हुआ है।

मोहम्मद अली जिन्नाह के पूर्वजों का परिवार गुजरात के काठियावाड़ का रहने वाला था। जिन्नाह के दादा का नाम प्रेमजीभाई मेघजी ठक्कर था , जो मूल रूप से लोहाना वैश्य वर्ण का था।वह काठियावाड़ के गांव पनेली में निवास करता था। लोहाना लोग गुजरात, सिंध और कच्छ में पाए जाते हैं। प्रेमजी भाई मछली का व्यापार करते थे। उनका यह व्यापार न केवल देश में अपितु देश से बाहर विदेशों में भी फैला हुआ था। प्रेम जी भाई के बेटे पुंजालाल ठक्कर थे। इसी पुंजालाल ठक्कर का लड़का जिन्नाह था।

मछली का व्यापारी होने के उपरान्त भी जिन्नाह का दादा पूर्णतया शाकाहारी था। हिन्दू लोग उनके मछली व्यापार से खुश नहीं रहते थे और उन्हें अक्सर यह परामर्श देते रहते थे कि जब उनका अपना व्यवहार और खान–पान मांसाहारी नहीं है तो उन्हें मछली का व्यापार भी नहीं करना चाहिए। प्रेमजी भाई को तो हिन्दुओं की इस प्रकार की सलाह से कोई विशेष कष्ट नहीं होता था, परन्तु उनके पुत्र को हिन्दुओं का दिया यह परामर्श अखरता था। स्पष्ट है कि पुंजालाल मछली के व्यापार में रम चुका था। वह स्वयं भी मांसाहारी हो चुका था और 'मछली की सब्जी' उसे बहुत अधिक रास आने लगी थी। वह नहीं चाहता था कि कोई उसके सामने मछली के व्यापार को बन्द करने की बात करे। यही कारण रहा कि उसने आवेश में आकर हिन्दू धर्म त्याग दिया और इस्लाम स्वीकार कर लिया।

जिन्नाह के बाप के द्वारा लिए गए इस निर्णय से उसके परिजनों को और मित्रों, बन्धु – बांधवों को भी असीम कष्ट हुआ। उन्होंने उसे समझाने का भरसक प्रयास किया, परन्तु वह एक हठीला व्यक्ति था, इसलिए किसी की भी सलाह को मानने के लिए तैयार नहीं था। परिवार और मित्रजनों के इस प्रकार के विरोध से भी विद्रोह करते हुए पुंजालाल ठक्कर काठियावाड़ से कराची चला गया। उसने सोच लिया कि 'न रहेगा बांस ना बजेगी बांसुरी।' काठियावाड़ से कराची जाकर बसा यह व्यक्ति और उसका परिवार अब और भी अधिक मांसाहारी और शराबी हो गया था। क्योंकि अब उस पर समाज का कोई किसी प्रकार का प्रतिबंध नहीं था, इसलिए मर्यादाहीन आचरण करने के लिए जिन्नाह का बाप अपने आपको आजाद समझने लगा।

यह एक स्वाभाविक बात है कि जब कोई व्यक्ति अपने मूल धर्म को त्यागता है तो जिस संप्रदाय में वह जाता है ,वहां जाने पर पहली बात तो यह होती है कि वह अपने मूल धर्म के लोगों से अधिक घृणा करता है। दूसरी बात यह है कि वह उन नियमों, सिद्धांतों व मान्यताओं को अधिक से अधिक तार–तार कर देना चाहता है जो उसके मूल धर्म में रहते हुए उस पर लागू थीं। बस, यही बात अब जिन्नाह के परिवार पर भी लागू हो गई थी। उसके पिता पुंजालाल ने अपने मूल हिंदू धर्म की सारी मान्यताओं को तार–तार किया और मांस, मदिरा व अय्याशी की सारी सीमाएं तोड़ दीं। जिन्ना ने भी अपने बाप की देखा – देखी अपने आपको इन्हीं दुर्व्यसनों में फंसा लिया। फलस्वरूप वह भी अब हिन्दू धर्म के प्रति घृणा से भर चुका था। अपने मछली के व्यापार में जिन्नाह और उसके बाप ने भरपूर पैसा कमाया। यद्यपि जिन्नाह का अपना पेशा वकालत का था। उन्हें इसी व्यापार के माध्यम से पर्याप्त प्रसिद्धि भी प्राप्त हुई। जिसका लाभ जिन्नाह को अपनी वकालत में भी मिला। यहां तक कि लन्दन में भी उन्हें अपने कारोबार को फैलाने और बढ़ाने के लिए अपना एक स्थानीय कार्यालय खोलना पड़ा।

गुजरात में जिन्नाह के अपने मूल परिवार के लोग अभी भी रहते हैं। वे सभी आज भी हिन्दू हैं। उनमें मांस, मदिरा और अय्याशी का कोई दोष उस समय नहीं था, इसलिए वे शान्तिपूर्वक अपने देश के साथ मिलकर

काम करते रहे। उनकी पुरानी पीढ़ियों में सम्मिलित रहे जिन्नाह से उन्हें कोई लगाव नहीं है। कारण कि जो व्यक्ति अपने धर्म और अपने देश का गद्दार हो गया उसे हिंदू धर्म में त्यागने की पुरानी परम्परा रही है।

इसके उपरान्त भी पता नहीं देश के गांधीवादी और अलीगढ़ मुस्लिम विश्वविद्यालय के लोग जिन्नाह से अपना कौन सा सम्बन्ध निभा रहे हैं?

(हमने यह लेख अकबर एस. अहमद की किताब 'पाकिस्तान एंड इस्लामिक आईडेंटिटी' के आधार पर प्रस्तुत किया है।)

वास्तव में इस लेख को लिखने का हमारा उद्देश्य केवल एक है कि गांधीजी और गांधीवादी कभी यह नहीं समझ पाए हैं (और लगता है कि समझेंगे भी नही) कि जो व्यक्ति अपने धर्म से गद्दारी कर जाता है वह देश के साथ गद्दारी करने में भी देर नहीं करेगा। देश के बंटवारे की बात वही करेगा जो मजहबी बंटवारा कर लेगा। यदि इस छोटे से सच को गांधीजी समझ गए होते तो वह जिन्नाह जैसे गद्दार से दूरी बनाकर रहते। पर दुख तो उस समय होता है जब अतीत की अपनी मूर्खताओं से गांधीवादियों ने आज भी शिक्षा ग्रहण नहीं की है। ये आज भी 'टुकड़े टुकड़े गैंग' – का समर्थन करते हुए दिखाई देते हैं। इसका कारण केवल यही है कि इन्हें श्टुकड़े टुकड़े गैंगश का समर्थन करने का संस्कार गांधीजी से मिला है।

देशद्रोहियों से प्रेम की पींगें बढ़ाना अपने लिए कब्र खोदने के समान है और देशद्रोहियों को सिर पर चढ़ा कर बैठा लेना अपने आपको मार लेने के समान है। दुर्भाग्य से गांधीजी और गांधीवादी यही करते रहे हैं और आज भी यही कर रहे हैं। 1947 में देशद्रोहियों ने यह कहकर अलग पाकिस्तान लिया था कि 'हँसकर लिया–पाकिस्तान, – लड़कर लेंगे हिंदुस्तान' – वे आज हिंदुस्तान के भीतर मुगलिस्तान बनाने का सपना देख रहे हैं और कांग्रेस आज भी उन्हें अपना सगा संबंधी समझकर उनके प्रति सहिष्णुता बरतने की वैसी ही बातें कर रही है जैसी 1947 से पहले गांधीजी मुस्लिम लीग और जिन्नाह के प्रति किया करते थे।

कहने का अभिप्राय है कि खतरों को देखकर भी अनदेखा करना भारतीय राजनीतिज्ञों को गांधीवाद की देन है। खतरों को देखकर आंखें बंद करके यह समझ लेते हैं कि शायद खतरा अब टल गया है। जबकि

खतरा पैदा करने वाले इनकी आंख मूंदने की अवस्था को अपने लिए अनुकूल अवसर समझकर इन पर झपट्टा मारते हैं और इनका काम चट कर जाते हैं। इसके उपरान्त भी कांग्रेसी गांधीवादी अपने आप को देश भक्त कहते हैं और यह भी कहते सुने जाते हैं कि हमारी देशभक्ति पर संदेह करने की आवश्यकता नहीं है। अब इन्हें कौन समझाए कि जब तुम्हारे काम ही देश की आत्मा को कचोटने के हैं तो तुम्हारी देशभक्ति पर सन्देह क्यों न किया जाए?